Judaísmo Mesiánico:
El avivamiento de los hijos
de Yisrael

VOLUMEN 1

Judaísmo Mesiánico: El avivamiento de los hijos de Yisrael

VOLUMEN 1

Por

Joseph S. Berríos-Zaborsky

LUCAS PARK BOOKS

ST. LOUIS, MISSOURI

Published by Lucas Park books
www.lucasparkbooks.com

Impreso en los Estados Unidos

Tabla de Contenido

Agradecimientos

Agradezco la ayuda de las siguientes personas: Rabí Dr. Tony Arroyo, Manuel Collazo-Suárez, Rabí Dr. Charlie Kluge, Pastor Luis Feliciano, Luz Magaly Irizarry-Arroyo, Jeff Leibowitz, Dra. Zaida Maldonado Pérez, Capellán naval retirado Israel Narváez-Beauchamp, David Ortega, José E. Rodríguez-Sanjurjo, Dr. Brian Russell, Libni Sanjurjo-Melendez, Dra. Libna Sanjurjo-Melendez, Rafael L. Ufret-Rios, Ezra Yarvi, mis padres y a mi amada familia. Le quedo agradecido al Sr. Carlos Fushan, Editor de la Sociedad Bíblica Iberoamericana, por proveerme el permiso de usar la Biblia Textual y al Sr. Javier Cogeaskoetxea, Consejero Delegado de Desclée de Brouwer, por permitirme el uso de la Biblia de Jerusalén. Le agradezco a Yochanan Ben Abraham por la creación de la cubierta de mi libro y a Antonio Jiménez por proveer sus servicios de fotógrafo profesional. Agradecimiento especial: A mi Mesías Yeshúa por cargar la maldición de mis pecados en el madero (Devarim 21:23, Gálatas 3:10) y por permitir que mis ojos fuesen abiertos a descubrir que en mis venas corre la sangre de mis padres Avraham, Yitz'chak y Ya'akov, al Rabí Roi García por su guianza y ejemplo en ser un buen Rabí, al Cantor Marcos Arizola por su amistad y discusiones teológicas, al Dr. Pablo A. Jiménez por enseñarme y guiarme en el arte de escribir un libro teológico, y a Ron Warren por instruirme en el campo de apologética en defensa del judaísmo mesiánico y por proveerme manuscritos en apologética.

Preámbulo

El Rabí Joseph S. Berríos-Zaborsky, Ph.D. se ha embarcado en una aventura nueva y necesaria al escribir un libro en español que expone el verdadero significado del Judaísmo Mesiánico. A lo largo del texto, El Rabí Dr. Berríos-Zaborsky responde la pregunta difícil: ¿Qué es el Judaísmo Mesiánico? Él contesta esta pregunta con certeza y precisión histórica. La primera pregunta que los líderes mesiánicos tienen que enfrentar es quiénes somos y en qué creemos. Muchos la han contestado en el pasado basándose en la perspectiva Asquenazí; en contraste, el Rabí Dr. Berríos-Zaborsky lo hace bajo el punto de vista de los Sefarditas, una tarea titánica. Actualmente, hay un gigante durmiente de Sefarditas: Personas de habla hispana que están buscando sus raíces judaicas. Este avivamiento es tan grande que los líderes mesiánicos están impresionados con el surgimiento de esta necesidad. Desafortunadamente, sin embargo, carecemos de literatura que analice el Judaísmo Mesiánico en español. En mis viajes a Centro y Sur América y Europa, me he percatado de la necesidad de los judíos mesiánicos de habla castellana por buscar información. Este avivamiento es tan grande que nuestros líderes han tenido reuniones relacionadas con peticiones para cubrir esta necesidad. El Rabí Dr. Berríos-Zaborsky lo ha logrado.

El Rabí Dr. Berríos-Zaborsky explica en detalle las festividades y costumbres judías y las enlaza con tradición, satisfaciendo así el deseo de los feligreses de habla hispana de celebrar estas festividades con el conocimiento que les brinda a través de su texto. Estas tradiciones son explicadas en el texto, así como las escrituras que las fundamentan. Posteriormente, el Rabí Dr. Berríos-Zaborsky explica la teología Judío Mesiánica desde un punto de vista apologético. "Yo soy el que soy" es el centro del corazón del judaísmo y genuinamente es el centro del enfoque apologético que el autor ha tomado. Me percaté de la necesidad de este trabajo mientras trabajaba para el gobierno de Israel hace muchos años. Muchos judíos mesiánicos de habla hispana estaban buscando materiales que les sirvieran de dirección a sus creencias. El Rabí Dr. Berríos-Zaborsky está altamente cualificado para escribir este libro por sus logros y trasfondo académico. Al ser aceptado a estudiar su segundo doctorado en estudios judaicos, demuestra que es altamente reconocido en los círculos teológicos. Lea este libro con mucha expectativa y no se defraudará. Oramos que este sea el principio de muchos más trabajos teológicos que cubran la gran necesidad de información que tienen los judíos mesiánicos de habla hispana.

Roi García
Rabino principal
Congregación Baruch HaShem
San Antonio, Texas, EE.UU.

Prólogo

Entonces los entendidos resplandecerán como el
resplandor del firmamento, y los que enseñan la justicia
a la multitud, como las estrellas a perpetua eternidad.

Daniel 12:3

שָׁלוֹם עֲלֵיכֶם (Shalom aleichem – «la paz sea con ustedes»).
Te extiendo mis más sinceros saludos. El libro que tienes en
tus manos es una introducción al judaísmo mesiánico, rama
del judaísmo de mayor crecimiento en el mundo, la cual
reconoce a Yeshúa como el Mesías prometido de Yisrael. El
judaísmo mesiánico es un tema muy profundo y abarcador,
el cual tomaría volúmenes de libros para poder describirlo
en su totalidad. El propósito de este libro es ofrecer un
conocimiento práctico del judaísmo mesiánico. No es el
propósito de este libro judaizar a nadie sino educar al lector
proveyéndole un mejor entendimiento de esta práctica de fe.

Recomiendo al lector, para facilitar su lectura de este
libro, que utilice la siguiente estrategia. Si el lector desconoce
esta práctica de fe, le sugiero que primero lea la caja de
herramientas, que se encuentra en el apéndice del libro, antes
de empezar a leer el primer capítulo. Si por el contrario,
el lector conoce esta práctica de fe, puede empezar con el
primer capítulo.

El libro está dividido de la siguiente manera: El primer
capítulo ofrece una descripción del judaísmo mesiánico, su
teología, y una breve reseña histórica. El segundo capítulo
presenta las festividades judías, su origen bíblico y la razón
por la cual los judíos mesiánicos las celebran. El tercer
capítulo detalla las tradiciones y costumbres principales
practicadas por los judíos mesiánicos. En el cuarto capítulo
se presenta tratados de apologética en defensa de la teología
judía mesiánica. Por ultimo finalizo con la conclusión en
la que le proveo al lector mi análisis y mi opinión del
judaísmo mesiánico.

Te invito a que me acompañes en esta jornada para conocer y descubrir esta práctica de fe. Estos son tiempos excitantes para todos los judíos mesiánicos dado que nuestra fe tiene el potencial de ejercer una gran influencia en las comunidades cristianas y judías. Te exhorto a que leas este libro con la expectativa de ampliar tus conocimientos y descubrir un tema que será de suma importancia en nuestras comunidades de fe.

1

Judaísmo Mesiánico

En la obra de teatro «El violinista en el tejado» se presenta el estilo de vida de los Judíos Asquenazí en Rusia. El personaje principal es Tevye, un lechero pobre devoto al Di-s de Yisrael el cual junto a su esposa tratan de darle sustento y aliento a sus cinco hijas. Tevye siguiendo la costumbre judía de la época, hace un acuerdo matrimonial con el carnicero Lazar Wolf, el cual es un hombre adinerado, en el cual Lazar se casaría con la hija mayor de Tevye, Tzeitel. Pero el corazón de Tzeitel le pertenece al pobre sastre Motel. Los dos logran persuadir a Tevye, y consiguen el permiso y la bendición del padre. Es interesante notar que aunque modifican ciertas costumbres tradicionales, esta pareja retiene gran parte de las costumbres de sus padres. La segunda hija, Hodel, se enamora de Perchick, un muchacho judío educado el cual es revolucionario y en la comunidad lo consideran un radical. La segunda pareja confronta a Tevye pidiendo la bendición, pero no le piden permiso al padre como la tradición dictaba. Por último, la tercera hija, Chava, se enamora de Fyedka, un muchacho amante de la literatura que resulta ser un gentil cristiano. Tevye no permite la unión de la pareja. Chava huye de su hogar y contrae matrimonio con Fyedka. En la obra se siente la tensión de la relación entre Tevye y Fyedka. Con este matrimonio, Tevye y su esposa tienen que lidiar con el sentido de pérdida de su hija. Chava busca que su padre acepte la relación y que ella siga siendo parte de la familia. Al final de la obra los judíos son expulsados y Tevye y su familia se preparan para emigrar a los Estados Unidos. En este momento la relación familiar con las tres hijas casadas es de reconciliación y unión. Aunque Chava se consideraba muerta después de su matrimonio con Fyedka, ambos también sufren bajo la mano del gobierno gentil que expulsa a los judíos. Al final Chava restablece los lazos con su familia.

La obra se puede interpretar como una alegoría. Tevye representa el judaísmo ortodoxo. Tzeitel encarna al judaísmo conservador, que aunque mantiene un gran número de las tradiciones ortodoxas no son tan estrictos. Hodel representa el judaísmo reformado, en el cual sus creencias son liberales, con una mentalidad moderna. Chava es el judaísmo mesiánico, judaísmo que retiene su identidad, pero adopta la creencia de Yeshúa (Jesús) como el mesías. Esta rama del judaísmo es rechazada por los ortodoxos y a su vez también algunos gentiles tampoco lo aceptan como una práctica de fe legítima. La esperanza que expresa el fin de la obra es que todas las ramas del judaísmo se unirán y la rama mesiánica será aceptada como parte de la familia de Avraham (Abraham), Yitz'chak (Isaac) y Ya'akov (Jacob).

Esto nos llevará a preguntarnos ¿qué es el judaísmo mesiánico? El judaísmo mesiánico es una práctica de fe judía la cual reconoce que Yeshúa es el Mesías. Si un judío tradicional entra a una sinagoga judía mesiánica no va a notar ninguna diferencia con la sinagoga tradicional. Si este judío se queda en el servicio, tampoco notaría mucha diferencia en la liturgia. La única diferencia es que el cantor o el rabí pueden mencionar el nombre de Yeshúa o que hagan una lectura del Berit Chadasha (El Nuevo Testamento). Esto nos lleva a cuál es el propósito del judaísmo mesiánico. El propósito es el siguiente:

- Adorar al Di-s de Avraham, Yitz'chak y Ya'akov.
- Reconocer que Yeshúa HaMashiach (Jesús el Mesías) es el mesías prometido de Yisrael.

- Edificar un cuerpo de creyentes en el mesías de Yisrael.
- Volver a traer las tradiciones bíblicas de nuestra fe.

Los principios que guían nuestra fe son:

- Creemos que existe sólo un Di-s único y verdadero el cual es el Avinu (Padre), Yeshúa (Hijo) y el Ruach HaKodesh (Espíritu Santo). Los tres son equitativos en poder y gloria. Este Elohim (Di-s) creó, mantiene y gobierna todo.
- Creemos que todas las santas escrituras (Tanakh, la Biblia Hebrea, y el Berit Chadasha) son el trabajo de Di-s, las cuales fueron inspiradas por Él. Los manuscritos originales están sin error y son la regla infalible de nuestra fe, práctica y estilo de vida.
- Creemos que Di-s el padre es perfecto en santidad, sabiduría y en amor. Él se preocupa misericordiosamente en los asuntos humanos. Él escucha y contesta nuestras oraciones. Además, Él salva del pecado y la muerte a todos quienes vienen a Él a través del mesías, Yeshúa.
- Creemos que Yeshúa es el mesías. Él es el hijo amado de Di-s, el cual nació de una virgen. Él vivió una vida sin pecado, hizo milagros e impartió su conocimiento a la humanidad. El murió como expiación sustitutiva. Yeshúa resucito y ascendió a los cielos. En el cielo Yeshúa provee intercesión perpetua por su pueblo y que su regreso visible a la tierra es inminente como ha sido profetizado.
- Creemos que el Ruach Hakodesh provino del Avinu a través de Yeshúa para reprendernos del pecado, para morar y para dar poder a todos los creyentes en el mesías. El Ruach Hakodesh actúa como ayuda, maestro y guía.
- Creemos en serle fiel a los mandamientos de Di-s consagrados en la Torá, las cuales Él se las dio a Moshe en el Monte Sinaí. La Torá refleja la sabiduría de un Di-s de amor; sabiduría que intencionalmente fue dada a sus hijos para que formaran un pueblo aparte del mundo, para preservar y proteger a través de la fe, y para guiarlos

en el proceso de madurar en la fe y la justicia. La Torá es la base de nuestra salvación a través del Mesías.

- Creemos en el Mikvah (bautismo) el cual preserva la práctica bíblica de tevilah (inmersión) para purificación en las aguas vivas; en el seder (cena) del Señ-r el cual preserva la festividad de Pesach (pascua); y en poner las manos por SeMikhah (ordenación) para sanidad y para recibir la manifestación de su espíritu.
- Creemos en el regreso inminente de Yeshúa HaMashiach a la tierra para establecer su reino. El gobernará y reinará sobre Yisrael desde Yerushalaim (Jerusalén) en paz y justicia que cubrirá toda la tierra. Toda la humanidad será resucitada: Los malvados a sufrimiento eterno y los justos gozarán de bendiciones eternas.

En esencia, dado que reconocemos la existencia de la unidad compuesta (lo que para muchos cristianos es la trinidad) y la divinidad de Yeshúa, las creencias del Judaísmo Mesiánico son congruentes con la fe cristiana. Sin embargo, por su práctica de la fe, el Judaísmo Mesiánico es una rama del Judaísmo. Este fenómeno es sumamente interesante dado que el Judaísmo Mesiánico es una expresión de fe idéntica a la expresión de fe de la iglesia primitiva. Como observa el Dr. Justo L. González:

> Los primeros cristianos no creían pertenecer a una nueva religión. Ellos habían sido judíos toda su vida, y continuaban siéndolo. Esto es cierto, no solo de Pedro y los doce (discípulos), sino también de los siete, y hasta del mismo Pablo.

> Su fe no consistía en una negación del judaísmo, sino que consistía más bien en la convicción de que la edad mesiánica, tan esperada por el pueblo hebreo, había llegado. Según Pablo lo expresa a los judíos en Roma hacia el final de su carrera, «por la esperanza de Israel estoy sujeto con esta cadena» (Hechos 28:20). Es decir, que la razón por la que Pablo y los demás cristianos son perseguidos no es porque se opongan al judaísmo, sino porque creen y predican que en

Jesús se han cumplido las promesas hechas a Israel (González, 1994).

El judaísmo mesiánico es una rama del judaísmo que refleja la práctica de adoración de los creyentes de la época de la iglesia primitiva. Contrario a la creencia popular, el Judaísmo Mesiánico no es un movimiento nuevo. La historia de esta expresión de fe se remonta a través de la historia del cristianismo en el cual judíos creyentes siempre han existido. No fue hasta el año 1809 que se estableció en Londres, Inglaterra la sociedad «London Society for Promoting Christianity Amongst the Jews (LSPCJ)» o la Sociedad de Londres para promover el cristianismo entre los Judios. En el 1813 esta sociedad misionera estableció «the Children of Abraham» o los hijos de Abraham. El propósito de esta obra misionera era llevar el evangelio de Yeshúa a los Judíos. Los frutos de esta sociedad fue la primera traducción del Berit Chadasha al Hebreo. Es increíble y a la vez lamentable que el Berit Chadasha llegara a ser traducido al idioma de los hermanos de Yeshúa en el siglo 19.

El resultado de esta obra misionera es que Judíos prominentes aceptaron a Yeshúa como el mesías prometido de Yisrael.

La conversión de judíos al cristianismo llevo al deseo de establecer un concilio para estos creyentes. El resultado fue el deseo de implementar la alianza Hebreo-Cristiana. En la declaración de principios de este grupo, se declaró lo siguiente:

- Promover una relación personal y social contínua entre los israelitas cristianos reuniéndose en períodos establecidos.
- Despertar y estimular el uno al otro en el esfuerzo de unión y cuidado de nuestros hermanos.
- Escudriñar juntos las Escrituras relacionados con Israel y el rey de Israel.

El Reverendo A. M. Meyer hizo el caso por la alianza Hebreo-Cristiana de la siguiente manera:

No debemos sacrificar nuestra identidad. Cuando profesamos a Cristo, no dejamos de ser Judíos; Pablo, después de su conversión, no dejo de ser un Judío. No sólo Saúl, pero incluso Pablo siguió siendo un hebreo de los hebreos. No podemos y nunca olvidaremos la tierra de nuestros padres, y es nuestro deseo de celebrar nuestros sentimientos patrióticos...Como hebreos, como cristianos, nos sentimos unidos, y como hebreos cristianos queremos estar más estrechamente unidos (Cohn-Sherbok, 2000).

Joseph Rabinowitz estableció la primera misión judeocristiana en el 1882. En una obra misionera en Jerusalén, Rabinowitz fundó el movimiento los «Israelitas del nuevo pacto». Bajo esta organización se establecen los primeros artículos de fe cristiana con un enfoque judío:

- Creo con una fe perfecta, que el Creador, bendito sea Su nombre, es el Dios vivo, verdadero, y eterno, que Él ha creado a través de Su palabra y Su Espíritu Santo, el cielo y la tierra, todas las cosas visibles e invisibles, que Él es Uno de ellos, y todo es de Él, por Él y para Él.
- Creo con una fe perfecta, que el Creador, bendito sea Su nombre, no es corporal, que no podemos visualizarlo a Él por los sentidos corporales, y que no hay nada parecido a Él.
- Creo con una fe perfecta, que el Creador, bendito sea Su nombre, ha hecho un pacto con nuestro padre, Abraham, para ser su Dios y el de sus hijos, y para darle a él y a su descendencia la tierra de Canaán por una herencia eterna, y que el signo de su alianza es la circuncisión de la carne, un signo de una alianza eterna.
- Creo con una fe perfecta, que el Creador, bendito sea Su nombre, de acuerdo a su promesa, sacó a los hijos de Israel de Egipto con mano fuerte a través de Moisés, su escogido, y les ordenó a ellos (nosotros) que santificaran el Sábado y la Pascua, como una ley eterna.
- Creo con una fe perfecta, que el Creador, bendito sea Su nombre, levantó profetas en medio de nosotros,

entre nuestros hermanos, y que todas sus palabras son verdaderas, y ni una de estas palabras se quedarán sin cumplir.

- Creo con una fe perfecta, que el Creador, bendito sea Su nombre, le juró a David, hijo de Isaí, de Belén, que haría su nombre grande, y que su trono y su reino perdurarían por los siglos de los siglos.

- Creo con una fe perfecta, que el Creador, bendito sea Su nombre, recompensa a los que observan sus mandamientos y castiga a los que lo transgreden.

- Creo que, con una perfecta fe, que el Creador, bendito sea Su nombre, en su infinita misericordia, ha levantado en la casa de David su siervo, una trompeta de salvación, el Zemah Justo, el Salvador, el Señor Jesucristo de Belén, y que Él reina sobre la casa de Jacob para siempre, y Su reino no tendrá fin.

- Creo que, con una perfecta fe, que de acuerdo a la voluntad del Creador, nuestro Mesías, Jesús, fue perseguido y crucificado, que Él derramó su vida hasta la muerte por nuestra salvación, que resucitó de los muertos, y ahora está sentado a la mano derecha del Padre.

- Creo con una perfecta fe, que de acuerdo con el consejo del Creador, nuestros antepasados endurecieron sus corazones y rechazaron a su Mesías, Jesús, y que esto fue permitido para provocar los celos de otras naciones, para traer la salvación al mundo entero, que también los gentiles pudieran creer en nuestro Jesús a través de la predicación de sus mensajeros de la paz, los cuales rechazamos y se fueron de entre nosotros, de modo que todo el mundo estuviese lleno de la gloria del Señor, y que él pudiera ser el Rey de toda la tierra.

- Creo con una perfecta fe, que cuando le plazca a nuestro Padre celestial, habrá una resurrección de los muertos, incluso como nuestro Señor resucitó de los muertos y se convirtió en los primeros frutos de la resurrección: Por tu salvación he esperado, oh Señor, he esperado, oh Señor, por tu salvación he esperado.

Los servicios se llevaban a cabo en el Shabbat mezclando elementos judíos y cristianos en la liturgia. Es interesante observar que los fundadores de este movimiento dictaron que la Mishná y el Talmud no se utilizarían para el establecimiento de doctrinas. Estas obras de la tradición oral son vistas como un monumento eterno del espíritu de profundo sueño que Di-s permitió que cayera sobre los Judíos.

En el año 1914 en las oficinas centrales de las iglesias presbiterianas en Nueva York se desarrolló la constitución y las leyes que llevó en el 1915 a la fundación del «Hebrew Christian Alliance of America» (HCAA) o la Alianza Cristiana de América. La Iglesia Presbiteriana jugó un rol importante dado que, en vez de enfocarse en la evangelización y la conversión forzosa de los judíos al cristianismo, los presbiterianos promovieron un diálogo entre los cristianos y los judíos. Este diálogo creó el testimonio mesiánico a los judíos. El HCAA creció y en los 1970 surgió el movimiento «Jews for Jesus» o Judíos por Jesús. Los miembros de «Jews for Jesus» se identificaban más con este grupo que con la iglesia.

En el principio de los 1970 surgió una nueva visión para ministrarles a los judíos. En la conferencia del 1973 se pasó una noción para cambiar el nombre del HCAA a «Messianic Jewish Alliance of America» (MJAA) o la alianza Judía Mesiánica de América. Este cambio de nombre conllevaba más que un cambio de semántica, esto conllevó cambios fundamentales. El enfoque de la organización era identificarse con sus raíces judaicas. El punto de vista es que la aceptación de Yeshúa conllevaba un compromiso a los aspectos culturales y religiosos de la fe Judía. Este cambio permitió que Judíos creyentes pudiesen aceptar a Yeshúa y a la misma vez poder retener su identidad cultural como hijos de Avraham, Yitz'chack y Ya'akov.

2

Las Festividades

Las festividades de mayor importancia en las sagradas escrituras están agrupadas en dos diferentes temporadas del año. En la primavera, tenemos Pesach (Pascua) y Chag HaMátzot (La fiesta de los panes sin levadura), Sefirat HaOmer (La fiesta de las primicias) y Shavuot (La fiesta de las semanas), las cuales conmemoran el peregrinaje de Egipto a la tierra de Canaán. Todas estas festividades ocurren en un periodo de cincuenta días entre marzo y junio. Luego ocurre un intermedio de verano hasta el otoño. Durante el otoño se celebra Rosh HaShaná (Año Nuevo), Yom Kippur (El día de la expiación) y Sukkot (La fiesta de los tabernáculos). Estas festividades normalmente se celebran durante los meses de septiembre y octubre.

Shabbat – El Sábado

Habló YHVH a Moisés diciendo: Habla a los hijos de Israel y diles: Estas son las fiestas solemnes de YHVH en las cuales proclamaréis santas convocaciones. Estos son mis tiempos señalados: Seis días se trabajará, pero el séptimo día será sábado de reposo solemne, santa convocación. No Haréis ningún trabajo. Es shabbat para YHVH en todos vuestros asentamientos.

Levítico =Vayikra 23:1-3

Al lector tal vez le sorprenda que un día común que ocurre todas las semanas tenga tanta importancia en el Judaísmo. Pero la perspectiva judía al respecto es completamente diferente a la de los gentiles. Para el judío el Shabbat es un día tan especial que lo observamos cada siete días. En Vayikra 23 el Shabbat es presentado como el primer día solemne.

La palabra שַׁבָּת (Shabbat) significa «descanso» o «cesanteo de trabajo» y el propósito de este día es restauración. La mentalidad de las naciones desde los tiempos antiguos hasta el día de hoy es que el hombre tiende a obsesionarse con sus faenas laborales. Siempre el individuo está ocupado y tiene que lograr más. Pero sin el descanso adecuado, la fuerza y creatividad humana tiende a declinar.

Di-s demostró su amor a los hijos de Yisrael que les ordenó que recargaran sus fuerzas físicas, emocionales y espirituales. Di-s demostró este principio en la historia de la creación. Durante seis días formó al mundo y creó todo lo que existe en él. Pero el séptimo día, el Shabbat, se convirtió en un recordatorio perpetuo del Di-s creador y de nuestra necesidad de encontrar descanso en el (Shemot 31:16-17).

Basándonos en el relato de la creación en Bereshit (Génesis) 1, el Shabbat empieza en la puesta del sol en la tarde del viernes hasta la puesta del sol en el Shabbat. Di-s define un día con la siguiente orden en Bereshit 1: «Y vino la noche, y llego la mañana». Por lo tanto, para el judío el día se inicia en el atardecer de la noche y termina en la puesta del sol del día siguiente.

Algunos creyentes han llamado el domingo el «sábado cristiano». Esto es incorrecto. En las sagradas escrituras nunca se hace mención de llamar el domingo el sábado. De hecho, la palabra domingo nunca aparece en el texto original de las santas escrituras. Los textos se refieren a este día como el primer día de la semana (Mateo 28:1, 1 Corintios 16:2). El estilo bíblico de estipular los días de la semana es que todos los días se cuentan en relación al Shabbat (primer día, segundo día, etc.). Esto demuestra la centralidad de este día al pueblo judío.

Los primeros creyentes de Yeshúa guardaban el Shabbat y no el domingo. El Berit Chadasha da evidencia que el Rabí Shaul guardaba el Shabbat (Hechos 13:14, 42, 44; 16:13; 17:2; 18:4). Cabe señalar Hechos 17:1-2: «...donde había una sinagoga de los judíos. Y Pablo, según su costumbre, fue a ellos; y por tres sábados debatió con ellos apoyándose en las Escrituras». La costumbre del Rabí Shaul era celebrar el Shabbat y durante los estudios de las sagradas escrituras presentaba a Yeshúa como el Mesías prometido de Yisrael.

Yeshúa mismo celebrara el Shabbat y esto es evidente en Lucas 4:16-21 en donde se explica detalladamente como Él ejercía su función Rabínica como un Rabí judío.

Festivales del peregrinaje

Pesach y Chag HaMátzot – La Pascua y la fiesta de los panes sin levadura

En el primer mes, al atardecer del día catorce del mes, Pascua es de YHVH. Y el día quince de ese mes es la fiesta solemne de los panes sin levadura para YHVH. Siete días comeréis pan sin levadura. El primer día tendréis santa convocación y no haréis ningún trabajo de servidumbre. Durante siete días haréis acercar ante YHVH ofrenda ígnea. El séptimo día habrá una santa convocación. No haréis ningún trabajo de servidumbre. *Levítico* Vayikra 23:5-8

El día de פֶּסַח (Pesach – «Pascua») esta enlazado con el advenimiento de la primavera en el calendario judío. El significado de la Pesach se encuentra en Vayikra 23. Pesach significa saltar, brincar o pasar por encima. Esto nos lleva a la referencia histórica de cómo los hijos de Yisrael fueron liberados de la esclavitud en Egipto, tal y como está escrito en el libro de Shemot.

Debido al endurecimiento creciente y la terquedad del corazón del Faraón, Di-s envió diez plagas para persuadirlo a que dejara ir a los hijos de Yisrael. A pesar de las consecuencias devastadoras de las primeras nueve plagas, no fue hasta la décima y última plaga que el faraón se sometió al Di-s de Yisrael. En este juicio, Di-s envió el Ángel de la Muerte sobre toda la tierra de Egipto para tomar al varón primogénito de cada familia y de todos los animales.

Es interesante observar que cada juicio de Di-s conlleva una escapatoria. Cada familia que aplicara la sangre del cordero sacrificado a los dinteles de sus puertas se le daría un pacto especial:

> La sangre os será por señal en las casas donde estéis, pues veré la sangre y os pasaré por alto, y no habrá en vosotros plaga para destruir cuando Yo azote la tierra de Egipto.
>
> Shemot 12:13

Pesach ejemplifica el modelo de redención de parte de Di-s. En este día Di-s nos liberó de la esclavitud en Egipto. En adición Pesach contiene un simbolismo profético del plan de Di-s para la redención del mundo.

La festividad de Pesach dura ocho días y durante este periodo es mandatorio no ingerir alimentos con levadura. Las sagradas escrituras indican que los siete días después de Pesach se celebra una festividad totalmente independiente llamada חַג הַמַּצּוֹת (Chag HaMátzot – «Fiesta de los Panes sin Levadura») (Vayikra 23:6). La tradición contemporánea ha unido estas dos festividades en una festividad de ocho días bajo el nombre de Pesach. Las familias judías recuerdan de la gran redención que obtuvieron en el primer Pesach a través de esta celebración.

En el Berit Chadasha se encuentran numerosas referencias a la fiesta de Pesach (Lucas 2:41, Juan 5:1, 6:4, y Hechos 12:3-4). La historia más famosa de esta festividad en la Biblia es la del ultimo Pesach celebrado por Yeshúa y sus discípulos judíos (Mateo 26, Marcos 14, Lucas 22, y Juan 13). En estos pasajes podemos observar las tradiciones de la era del segundo templo, y al mismo tiempo aprender algunas lecciones espirituales enseñadas por el Mesías.

Sefirat HaOmer – La Fiesta de las Primicias

Hablo YHVH a Moisés diciendo: Habla a los hijos de Israel y diles: Cuando hayáis entrado en la tierra que yo os doy, y seguéis su mies, llevaréis al sacerdote una gavilla por primicia de los primeros frutos de vuestra cosecha. Él mecerá la gavilla en presencia de YHVH para que seáis aceptos. El sacerdote la mecerá el día siguiente del shabbat. Y el día que mezáis la gavilla, ofreceréis un cordero añal sin defecto, en holocausto a YHVH. La ofrenda vegetal será de dos décimas de flor de harina mezclada con aceite, como ofrenda ígnea para YHVH en olor que apacigua, y su libación será de un cuarto de hin de vino. No comeréis pan, ni grano tostado, ni espiga fresca hasta este mismo día, hasta que hayáis hecho llevar la ofrenda de vuestro Dios. Estatuto perpetuo por vuestras generaciones en todos vuestros asentamientos.

Vayikra 23:9-14

Las fiestas de la primavera continúan con la llegada de סְפִירַת הָעוֹמֶר (Sefirat HaOmer – «la Fiesta de las Primicias»). Ya que viene justo después de Pesach, a menudo la festividad de Sefirat HaOmer pasa por desapercibida.

Sefirat HaOmer significa «La cuenta de la gavilla». Esta festividad toma lugar durante la cosecha de la cebada, la cual es la cosecha más temprana que tiene lugar en Yisrael. Esta fiesta enfatiza la cultura del antiguo Medio Oriente la cual era una economía basada en un sistema agrario.

Sefirat HaOmer es la temporada para la primera cosecha de la primavera. En términos prácticos es el momento perfecto para llevar una ofrenda de grano al Señ-r. Como está escrito en el libro de Vayikra, las primicias de la cosecha de cebada tenían que llevarse como ofrenda al sacerdote en el Tabernáculo o el Templo. La lección presentada es clara: Si Di-s ha sido fiel para bendecirnos con esta cosecha temprana, es un hecho que también nos proporcionará la cosecha tardía en el verano. La manera de guardar el Sefirat HaOmer es bastante sencilla. La celebración contemporánea consiste principalmente en oraciones y bendiciones sacadas del libro judío de oraciones mejor conocido como el סִדוּר (sidur). Estas acciones ayudan a los feligreses a reflexionar sobre el significado simbólico de la festividad, contando los días desde la cosecha de cebada hasta la de trigo en Shavuot, que es la fiesta subsiguiente. Este conteo se lleva a cabo por cuarenta y nueve días. El día cincuenta marca la próxima festividad en el calendario bíblico: Shavuot. En esencia Sefirat HaOmer no es visto como una cuenta regresiva, sino como una cuenta progresiva en la cual los judíos esperan la próxima gran obra que Di-s realizara en Shavuot. Las bendiciones y el conteo del omer se pueden encontrar en la mayoría de los sidurs. Algunas personas utilizan un calendario especial para asistirles en el conteo del Sefirat HaOmer.

En el Berit Chadasha se menciona el Sefirat HaOmer varias veces. Una lectura minuciosa de 1 Corintios 15 nos ilustra la conexión entre Sefirat HaOmer y Yeshúa. El Rabí Shaul hace una conexión asombrosa a este día de fiesta con la doctrina de la resurrección.

Pero ahora: ¡El Mesías fue resucitado de entre los muertos como primicias de los que duermen! Porque por cuanto la muerte vino por medio de un hombre, también por medio de un hombre la resurrección de los muertos. Porque así como en el Adam todos mueren, así también en el Mesías todos serán vivificados. Pero cada uno en su orden: el Mesías, que es las primicias, luego, los que son del Mesías en su venida.

1 Corintios 15:20-23

Aunque muchos interpretan este pasaje como un comentario sobre el orden de la resurrección, el Rabí Shaul en verdad está haciendo una referencia a Sefirat HaOmer. El Rabí Shaul no solo hace alusión que Yeshúa fue el primero en levantarse de entre los muertos, sino que al hacerlo, él cumplió el propósito de la festividad de Sefirat HaOmer.

Shavuot – La Fiesta de las Semanas

Desde el día siguiente al shabbat desde el día en que hayáis hecho llevar la gavilla de la ofrenda mecida, contaréis siete semanas completas. Hasta el día siguiente al séptimo shabbat contaréis cincuenta días, entonces haréis acercar el nuevo grano a YHVH. Desde vuestros asentamientos llevaréis dos panes de dos décimas de flor de harina horneados con levadura, como ofrenda mecida, como primicias a YHVH. Y con el pan haréis acercar siete corderos sin defecto de un año, un becerro de la vacada y dos carneros. Serán holocausto a YHVH, con su ofrenda vegetal y sus libaciones. Ofrenda ígnea de olor que apacigua a YHVH. También prepararéis un macho cabrío como ofrenda por el pecado y dos corderos añales en sacrificio de ofrendas de paz. Y el sacerdote los balanceará como ofrenda mecida en presencia de YHVH juntamente con el pan de las primicias y los dos corderos. Serán cosa consagrada a YHVH para el sacerdote. Ese mismo día convocaréis una santa convocación y no haréis ningún trabajo de servidumbre. Estatuto perpetuo en todos vuestros asentamientos por vuestras generaciones.

Vayikra 23:15-21

El significado de esta festividad se interpreta por su nombre. En este pasaje al día se le llama בִּכֻּרִים (Bikurim - «primeros frutos»), porque en este día se presentan las primicias de la cosecha como ofrenda a Di-s.

Tomando en cuenta el contexto de Sefirat HaOmer, se entiende que el nombre se refiere a los últimos frutos de la cosecha de la primavera. Anteriormente, los primeros frutos tempranos (la cosecha de cebada) eran presentados delante del Señ-r. Cincuenta días después, se ofrecía al Señ-r la cosecha de trigo o los primeros frutos tardíos.

La fiesta de los Primeros Frutos esta agrupado bajo las festividades de שָׁלוֹשׁ רְגָלִים (Shalosh Regalim). Shalosh Regalim son las tres festividades para los cuales, de ser posible, cada varón judío debe de ir a Yerushalaim (Devarim 16:16). Esta festividad es mejor conocida por dos nombres. Los judíos la llaman שָׁבֻעֹת (Shavuot – «semanas») porque esta se lleva a cabo en siete semanas después de Pesach (Devarim 16:10). Los judíos helenizados y muchos cristianos gentiles la conocen como Pentecostés (día cincuenta) por que se lleva a cabo cincuenta días después de Pesach (Vayikra 23:16). Shavuot es un tiempo designado para expresar el agradecimiento por la cosecha temprana. Al Di-s hacer provisiones para una cosecha temprana de trigo incrementa la esperanza de una cosecha abundante en el otoño (Sukkot). Dar gracias por la provisión presente lleva a tener fé que en el futuro Di-s seguirá proveyendo.

Lo más significativo de Shavuot es el aniversario de מַתָּן תּוֹרָה (Matan Torá – «el día en que se entregó la Torá») en el monte Sinaí. En este día en que Adonai acepto a los hijos de Yisrael como su pueblo y como un acta de matrimonio le proveyó a Moshe el ketuba, las tablas de la ley, como un pacto eterno. En este día Moshe recibió la Torá, el cual libró a Yisrael y fue la transformación de un grupo de nómadas a la nación de Yisrael. El nombre rabínico para Shavuot es זְמָן מַתָּן תּוֹרָתֵינוּ (ZeMan Matan Torateynu – «La época de la entrega de nuestra Torá»).

La tradición es que los judíos se amanecen estudiando la Torá, en especial el decálogo. Esto se hace porque la tradición enseña que los judíos se acostaron tarde en el día de Matan Torá y Di-s los tuvo que levantar. Otra costumbre es comer productos lácteos. En las escrituras se les llama a menudo «la leche de la palabra» (1 Pedro 2:2).

Es sumamente interesante notar que el Rabí Shaul planificaba sus viajes misioneros en relación con Shavuot. Esto es evidente en 1 Corintios 16:8. Esto nos lleva a la famosa fiesta de Shavuot relatada en el libro de los Hechos, mejor conocida por los gentiles como el día de pentecostés. Contrario a la creencia popular estos eventos no sucedieron en un aposento alto. Estos eventos acontecieron en el templo

de Yerushalaim. Esto es porque el mandato bíblico como
está escrito en Devarim 16:10-12 ordena que esta festividad
importante se celebre «en el lugar que YHVH tu Di-s escoja
para que habite allí su nombre». En otras palabras este lugar
en el cual el nombre de YHVH habita es el templo. Cuando
descendió el fuego de Ruach HaKodesh, todos los creyentes
estaban sentados. En la cultura judía cuando se lleva a cabo
las oraciones y canticos, se hacen parado. El estar sentado en
la adoración es el momento en el cual los judíos estudian y
discuten la palabra de Di-s. Tradicionalmente en ese momento
se discute los diez mandamientos que Moshe recibió en el
monte Sinaí. En aquel entonces el Di-s de Yisrael creó un
pacto de matrimonio con su pueblo y este pacto fue escrito en
piedra. En el día de Shavuot relatado en el libro de Hechos,
Adonai escribió su pacto en el corazón de su pueblo. Como
está escrito en el Tanakh:

> Pero éste es el pacto que haré con la casa de Israel
> después de aquellos días, dice YHVH: Daré mi Ley
> en su mente y la escribiré en su corazón, Y Yo seré a
> ellos por Di-s, y ellos me serán por pueblo.
>
> Yirmeyahu 31:33

Festivales del otoño

Rosh HaShaná – El año nuevo

> Habló YHVH a Moisés, diciendo: Habla a los
> hijos de Yisrael y diles: En el mes séptimo, el
> primero del mes será para vosotros de solemne
> reposo: Una conmemoración al son de trompetas[1] y
> una santa convocación. No haréis ningún trabajo
> de servidumbre, y haréis acercar ofrenda ígnea
> ante YHVH.
>
> Vayikra 23:23-25

רֹאשׁ הַשָּׁנָה (Rosh HaShaná – «Cabeza del año») es la
celebración judía del año nuevo. La razón por esto es que
el año bíblico se inicia en la primavera con el mes de נִיסָן

---

[1] Trompeta en Hebreo es שׁוֹפָר o Shofar

(Nisan) (Shemot 12:2). La lógica es que este es el principio de la cosecha nueva. Los Rabís le han dado un significado muy especial a Rosh HaShaná. Ellos lo consideraron como el año nuevo «espiritual», dado que es la primera festividad celebrada en la temporada de otoño.

El propósito de este día es el volver a la unidad con Di-s y los festivales de otoño son un llamado con el propósito de תְּשׁוּבָה (Teshuvá – «Volver»). El propósito de Teshuvá es volver a tener una fe pura en Di-s. Rosh HaShaná ha venido a representar el día de arrepentimiento. Este es el día cuando el pueblo de Yisrael hace un inventario de su condición espiritual y cada individuo realice los ajustes necesarios para asegurarse que sus acciones en el año nuevo sean agradables a Di-s.

Rosh HaShaná es tan importante que el mes que le precede, el mes de אֱלוּל (Elul), viene a tomar un significado único. Los rabís enfatizan que el periodo de cuarenta días que abarca desde Elul hasta el décimo día de תִּשְׁרִי (Tisheri) en el cual se celebra Yom Kippur, deben de ser tiempo de preparación espiritual. Ellos enlazan el primer día de Elul con el evento cuando Moshe ascendido al Monte Sinaí para recibir el segundo par de las tablas de la ley y cuando Moshe descendió fue en Yom Kippur.

El significado de Rosh HaShaná se vuelve más interesante al considerarse el Berit Chadasha y la vida de Yeshúa. El nacimiento del Mesías aconteció a finales de otoño durante la celebración de Sukkot. Con esta información se puede calcular aproximadamente cuando Yeshúa inicio su ministerio. Lucas documento (Lucas 3:23) que Yeshúa tenía treinta años cuando este evento ocurrió. Esto nos lleva a la conclusión que el tiempo del bautismo y su primera predicación ocurrieron en el otoño de ese año.

El simbolismo de Rosh HaShaná es evidente en que Yeshúa tiene un mikvah especial en ese año (Mateo 3:13-17). Esto fue seguido por 40 días donde lo tienta HaSatan (Mateo 4:1-11). Después Yeshúa empieza a proclamar su mensaje: «Arrepentíos, porque el reino de los cielos se ha acercado» (Mateo 4:17). Rosh HaShaná era el mejor momento para que el Mesías iniciara su ministerio terrenal. La evidencia de los evangelios parece indicar que el mes de Elul sirvió como la época perfecta de preparación para el mensaje espiritual más grande que hubiera llegado a Yisrael: ¡Vuelvan a Di-s, el mesías ha llegado a establecer su reino!

Es interesante señalar que no solamente Rosh HaShana alude a un tiempo de introspección y preparación espiritual, también alude a la era mesiánica, en el cual el reino mesiánico es establecido en la tierra. El Rabí Shaul nos revela la conexión que existe con esta festividad.

Porque el señor mismo con voz de mando, con voz de arcángel, y con trompeta de Dios, descenderá del cielo, y los muertos en el Mesías resucitarán primero. Después nosotros, los que vivamos, los que hayamos quedado, seremos arrebatados simultáneamente con ellos en las nubes al encuentro con el Señor en el aire, y así estaremos siempre con el Señor. Por tanto, consolaos los unos a los otros con estas palabras.

1 Tesalonicenses 4:16-18

Rosh HaShaná nos provee una imagen clara de la reunión de los creyentes en los tiempos finales. En el futuro, todos los verdaderos creyentes de Yeshúa serán levantados en las nubes para reunirse con él. Los muertos se levantaran primero, y les seguirán inmediatamente aquellos creyentes que estén vivos. Lo sorprendente es que la señal de la reunión es el sonido del שׁוֹפָר (shofar – «trompeta»). Es interesante notar que en este pasaje se hace alusión a una nota en específico que se toca en Rosh HaShana. También encontraremos en otras partes del Berit Chadasha referencias del toque del Shofar anunciando la segunda venida de Yeshúa (1 Corintios 15:50-58, Apocalipsis 4:1)

También cabe destacar que este evento es la reunión del remanente de creyentes judíos en la segunda venida del Mesías. El profeta Yeshaiyahu escribió:

Aquel día trillara YHVH las espigas, desde el Gran Rio hasta el Torrente de Egipto, pero vosotros hijos de Israel, seréis espigados uno a uno. Aquel día resonara fuertemente el shofar, y vendrán los dispersos de

Asiria y los desterrados de Egipto y se postraran ante YHVH en el Monte Santo, en Jerusalem.

Yeshaiyahu 27:12-13

En ese día en que los judíos se enfrentarán al Yeshúa reinante, el profeta Zekharyah hace la siguiente mención:

Y derramaré sobre la casa de David y sobre los habitantes de Jerusalem espíritu de gracia y de oración, y me mirarán a mí, a quien traspasaron, y llorarán como se llora por causa del unigénito, y se afligirán por Él como se aflige por el primogénito.

Zekharyah 12:10

Es nuestra creencia que ese día los judíos verán que Yeshúa HaMashiach fue el que fue rechazado y traspasado por un grupo de sus hermanos.

El profeta Daniel elabora más detalladamente sobre los eventos que ocurrirán cuando suene el shofar:

En aquel tiempo se levantará Miguel, el gran príncipe que está de parte de los hijos de tu pueblo, y será tiempo de angustia, cual nunca fue desde que hubo gente hasta entonces. Pero en aquel tiempo será libertado tu pueblo, todos los que se hallen escrito en el Rollo. Y una multitud de los que duermen en el polvo de la tierra serán despertados, unos para vida eterna, y otros para vergüenza y confusión eterna. Entonces los entendidos resplandecerán como el resplandor del firmamento, y los que enseñan la justicia a la multitud, como las estrellas a perpetua eternidad.

Daniel 12:1-3

Estos versos claramente contradicen la creencia popular del rapto. Esto es dado que el profeta Daniel señala que ocurrirá tiempos de angustia, el cual nunca ha sido visto y después ocurrirá el levantamiento de los creyentes del Señor. Este verso concuerda con las palabras de Yeshúa:

E inmediatamente después de la tribulación de aquellos días, el sol será oscurecido y la luna no dará su resplandor; las estrellas caerán del cielo y las potencias de los cielos serán conmovidas: Entonces aparecerá en el cielo la señal del Hijo del Hombre, y todas las tribus de la tierra se lamentarán entonces, y verán al Hijo del Hombre venir sobre las nubes del cielo con poder y gran gloria. Y enviará a sus ángeles con gran trompeta, y reunirán a sus escogidos de los cuatro vientos, de un extremo al otro extremo de los cielos.

Mateo 24:29-31

En aquellos días, después de aquella tribulación, el sol se oscurecerá, y la luna no dará su resplandor, y las estrellas caerán del cielo, y las potencias en los cielos serán sacudidas. Entonces verán al hijo del Hombre viniendo en las nubes con gran poder y gloria. Entonces enviará a los ángeles y reunirá a los escogidos de los cuatro vientos, desde el extremo de la tierra hasta el extremo del cielo.

Marcos 13:24-27

Más adelante en el evangelio de Mateo, Yeshúa habla de las dos personas uno que es levantado y el otro que se queda. Los defensores de la creencia del rapto ignoran el hecho que Yeshúa mismo dijo que la tribulación ocurrirá antes de levantar a sus creyentes.

Yom Kippur – El día de la Expiación

Habló YHVH a Moisés, diciendo: Ciertamente el día décimo de ese mes séptimo será el día de Expiación. Tendréis una santa convocación y humillaréis vuestras almas, y haréis acercar ofrenda ígnea ante YHVH. Ningún trabajo haréis en ese mismo día, porque es un día de expiaciones, para hacer expiación por vosotros en presencia de YHVH, vuestro Dios. Toda alma que no se humille en ese mismo día, será cortada de su pueblo y toda persona que haga cualquier trabajo en ese día, lo exterminaré de entre su pueblo. No haréis trabajo alguno. Estatuto perpetuo por vuestras generaciones en todos vuestros asentamientos. Sábado de reposo solemne os será. Humillareis vuestras almas el noveno día del mes, reposando en vuestro shabbat desde la tarde hasta la otra tarde.

Vayikra 23:26-32

Desde la antigüedad hasta el día de hoy, יוֹם כִּפּוּר (Yom Kippur – «Día expiación») se considera la festividad más solemne y santa en el calendario bíblico. El nombre de Yom Kippur describe la función de este día. Anualmente el sumo sacerdote entraría en el lugar santo para ofrecer expiación por la nación de Yisrael. En esencia Yom Kippur representa el concepto de regeneración por aquellos quienes siguen el camino divino de redención de los pecados.

Vayikra 16 describe con lujo de detalle la ceremonia que se llevaba a cabo en este día, la cual está centralizada en el sacrificio de dos machos cabríos. Un macho cabrío, llamado חַטָּאת (chatat – «ofrenda por el pecado») debía ser ofrecido como sacrificio de sangre para cubrir simbólicamente los pecados de la nación de Yisrael. El segundo macho cabrío, llamado עֲזָאזֵל (Azazel – «Chivo expiatorio») tenía que ser llevado al sacerdote. El sacerdote ponía sus manos sobre la cabeza del macho cabrío mientras confesaba los pecados del pueblo. En vez de matar al animal, este sería soltado en el desierto. Al hacer esta acción, el pueblo de Yisrael estaba sacando simbólicamente sus pecados como nación y estos pecados eran eliminados en medio de ellos.

Este acto es una imagen impactante de la provisión de expiación por medio del favor sin mérito y por la gracia de Di-s. La expiación y el perdón, a través de un sacrificio sustituto. Por esto Yom Kippur se convirtió en el día de festividad más prominente en el antiguo Yisrael. Yom Kippur cobra aun mayor importancia al este celebrarse diez días después de Rosh HaShana. Lo que se inició el primer día de Tishrei con Teshuvá culmina en el décimo día de este mes con redención y regeneración. En las sagradas escrituras el tema más importante es el concepto de la humanidad recibir la expiación por los pecados de acuerdo a los estatutos prescritos por Di-s.

A través de la historia de Yisrael durante la era del primer y segundo Templo hasta la era presente, los hijos de Yisrael han mantenido una relación especial con Yom Kippur. En los tiempos del primer y segundo Templo, la manera de guardar este día solemne estaba claramente definida con la práctica central de los sacrificios. Sin embargo, en el año 70 de la era común el segundo Templo fue destruido por el imperio Romano. Esto causo que los rabís y teólogos judíos se enfrentaran a la realidad de que no se podía llevar a cabo los sacrificios prescritos en la Torá para este día solemne. Ante esta situación los Rabís del primer siglo por necesidad establecieron el judaísmo rabínico conocido hoy en día como judaísmo ortodoxo. Estos Rabís establecieron algunas substituciones que llenarían el vacío que creó la destrucción del Templo. La תְּפִלָּה (Tefiláh – «Oración»), תְּשׁוּבָה (Teshuvá – «Arrepentimiento»), y צְדָקָה (Tzedakáh – «Caridad»), reemplazan los sacrificios en la manera moderna de guardar Yom Kippur. Esto explica porque la observación moderna es totalmente diferente a las prácticas de los tiempos bíblicos. Pero si uno observa cuidadosamente la observación moderna en la sinagoga, no es difícil darse cuenta que la solemnidad de este día está presente, aunque se encuentre sumergido en las tradiciones rabínicas. Es interesante notar la Biblia solamente ordena al creyente guardar un día de ayuno en todo el año. Yom Kippur es el único día de ayuno bíblico.

Para el creyente de Yeshúa la festividad de Yom Kippur es de suma importancia. De hecho, si alguna festividad bíblica merece un reconocimiento especial por parte de los creyentes Yom Kippur sería la primera en la lista y no es de sorpresa que en el Berit Chadasha existen muchas referencias a este día. En un pasaje sumamente conocido en el libro de romanos, el Rabí Shaul explica el significado de nuestra redención en el contexto de Yom Kippur.

> Por cuanto todos pecaron y están privados de la gloria de Dios, siendo justificados por su gracia, sin merecimiento alguno, mediante la redención que tienen en Jesús el Mesías; a quien Dios ha propuesto públicamente como sacrificio expiatorio por su sangre

a través de la fe, como evidencia de su justicia, a causa de haber pasado por alto, Dios en su paciencia, los pecados pasados, con el propósito de demostrar su justicia en el tiempo presente, a fin de que Él siga siendo justo también cuando declara justo al que es de la fe de Jesús.

Romanos 3:23-26

En la cruz, Yeshúa HaMashiach, fue expuesto como nuestro sacrificio expiatorio.

Es interesante notar que el Talmud (Yoma 39:b) discute que la costumbre judía en Yom Kippur era atar un lienzo rojo a la entrada del templo. Después que la oveja de expiación a los pecados era sacrificada el lienzo milagrosamente cambiaba su color a blanco. Pero 40 años antes de la destrucción del templo, en el año 70 de la era común, el lienzo rojo atado a la entrada del templo no cambiaba de color. Interesantemente cuando el lienzo dejo de cambiar de color coincide con la muerte y resurrección de Yeshúa. Esto es porque Yeshúa es la realización de la esencia de Yom Kippur.

Sukkot – El festival de los Tabernáculos

Y habló YHVH a Moisés, diciendo: Habla a los hijos de Israel, y diles: El día quince de ese mes séptimo es la fiesta solemne de las cabañas para YHVH durante siete días. El primer día habrá santa convocación. No haréis ningún trabajo de servidumbre. Siete días presentareis ofrendas ígneas ante YHVH. En el octavo día tendréis santa convocación, y presentareis ofrenda ígnea ante YHVH: Es reunión solemne, ninguna obra de servidumbre haréis. Estas son las fiestas solemnes de YHVH, las santas convocaciones que llamareis para presentar ofrenda ígnea ante YHVH, holocausto y ofrenda vegetal, sacrificio y libaciones, cada día lo que al día corresponda. Ello además de los días de reposo de YHVH, además de vuestros dones, además de todos vuestros votos y además de todas vuestras ofrendas voluntarias que daréis a YHVH. Ciertamente el día quince de este mes séptimo, cuando hayáis recogido el fruto de la tierra, celebrareis una fiesta solemne a YHVH durante siete días. El primer día habrá un reposo solemne, y el octavo día habrá un reposo solmene. El primer día tomareis para vosotros fruto de árbol selecto, ramas de palmeras, ramas de árboles frondosos y sauces del arroyo, y durante siete días os regocijareis en presencia de YHVH vuestro Dios. Celebrareis esta fiesta solemne a YHVH anualmente durante siete días. Estatuto perpetuo por vuestras generaciones que celebrareis en el mes séptimo. Siete días morareis en tabernáculos. Todo natural de Israel morara en tabernáculos para que vuestras generaciones venideras sepan que en tabernáculos Yo hice morar a los hijos de Israel cuando los saque de la tierra de Egipto. Yo, YHVH vuestro Dios. Así promulgo Moisés a los hijos de Israel las fiestas solemnes señaladas de YHVH.

Vayikra 23:33-44

El lector podrá observar que en la temporada del otoño es considerado la temporada de las fiestas más solemnes de la temporada. Durante los primeros 19 días del mes Tishrei (septiembre-octubre), se llevan a cabo las tres festividades más solemnes de todo el año. Estas tres festividades son: Rosh HaShaná, Yom Kippur, y los ocho días de סֻכּוֹת (Sukkot – «Tabernáculos» o «Enramadas»). La festividad de Sukkot tiene un significado especial para el autor dado que el nació durante esta festividad (17 Tishrei).

Al igual que las festividades anteriores, el nombre de Sukkot nos describe su propósito, el cual es doble. El primer propósito esta enlazado con la cosecha del otoño como es explicado en Vayikra 23. Sukkot es la temporada de presentar la cosecha tardía. Este es el día de acción de gracias de los judíos. Es un hecho que durante la colonización de los Estados Unidos de América los colonizadores puritanos, los cuales eran grandes eruditos de las escrituras hebreas, adoptaron el primer día de acción de gracias basado en Sukkot.

El segundo propósito de esta festividad se encuentra en el mandamiento de habitar en enramadas, como recordatorio de los 38 años que paso el pueblo de Yisrael en el desierto. Sabemos por la Torá, que Di-s habitó con el pueblo de Yisrael por treinta y ocho años durante su peregrinaje en el desierto. De la misma manera que cuando vivimos en la frágil enramada en el presente, esto sirve de recordatorio que Di-s sigue siendo fiel a sus promesas y que el cuida de nuestras vidas.

Al entenderse estos dos propósitos especiales de Sukkot, se puede entender porque a esta festividad también la llaman זְמָן שִׂמְחָתֵינוּ (Zeman Simchatenu – «El tiempo de nuestro regocijo»). El hecho de que Di-s provea y haga habitaciones para nosotros es un hecho digno de regocijo y celebración.

La Torá estipula que el día 15 de Tishrei es el tiempo cuando los judíos deben de empezar de habitar en la סוּכָּה (Sukká – «forma singular de enramada») celebrando las provisiones de Di-s. Esencialmente la Sukká es una choza temporal en la que debemos de vivir, en lugar de nuestros hogares. Se espera que en la Sukká tengan abastecimientos de comida como símbolo que están habitando en ella. La estructura de la Sukká es una estructura temporal frágil la cual debe de ser construida afuera de la casa. Esta debe tener por lo menos 3 paredes que pueden ser construidas ya sea de madera, ladrillo o lona. Si la Sukká se construye al lado de una casa, esta puede usar una o más de las paredes de la casa como parte de la Sukká. La parte más importante de la Sukká es el techo. La cubierta para el techo שַׁךְ (shach – «verga») debe ser construida de cualquier material que crezca de la tierra, como por ejemplo arbustos, ramas, o vigas de madera. Dado que en el medio oriente existe una abundancia de palmas, sus ramas toman un eje central durante Sukkot. Para resaltar la vivienda frágil y temporera de la Sukká, esta se construye de tal manera que en una noche despejada se pueden ver la luna y las estrellas. Es interesante notar que el techo de la Sukká es llamado shach por que el origen de esta palabra es שְׁכִינָה (Shechinah – «Espíritu santo» o «divinidad»). Esto es para simbolizar que nosotros aunque vivimos una vida frágil, siempre estamos cubiertos por la protección divina del Ruach HaKodesh.

Los niños pueden contribuir con decoraciones de frutas colgadas en un cordón o cualquier idea creativa que ellos tengan una vez la Sukká está finalizada. La Sukká por lo menos debe de acomodar una persona. Lo ideal es que sea lo suficientemente grande para acomodar una mesa y sillas. Esto es para así permitir a los residentes de la Sukká comer en ella. Es también deseable pasar la noche en la Sukká si el clima lo permite. Al igual que la mayoría de las otras festividades judías, la celebración se inicia con una cena festiva al atardecer de la primera noche. La mesa se prepara con los dos candelabros tradicionales y la mejor vajilla. Se canta el קִדּוּשׁ (Kidush – «Oración de bendición al vino») sobre el vino, se bendice la חַלָּה (Challah – «Pan trenzado») y se comparte en la mesa.

Cada noche también se hacen bendiciones especiales sobre el לוּלָב (Lulav – «Rama de palmas») y el אֶתְרוֹג (Etrog – «Citrón» o «Cidro», una fruta de Yisrael la cual es más dulce y grande que el limón y con una gruesa capa amarilla). Estos dos artículos, junto con el הָדָר (hadár – «Mirto») y עֲרָבָה (Aravah – «Sauce»), forman lo que se llama «las Cuatro Especies» como esta ordenado en la Torá:

> El primer día tomaréis para vosotros fruto de árbol selecto, ramas de palmeras, ramas de árboles frondosos y sauces de arroyo, y durante siete días os regocijares en presencia de YHVH vuestro Dios.
>
> Vayikra 23:40

Se hace un racimo con ellas para que se pueda sostener en la mano para agitarlo por los cuatro puntos cardinales, arriba y hacia abajo como símbolo de la cosecha y la presencia omnipotente del Di-s de Yisrael sobre todo el mundo.

Superficialmente existe una clara conexión entre las cuatro especies y la cosecha de Sukkot. Los rabís le han dado un significado espiritual. La enseñanza rabínica es que cada una de las especies simboliza a un individuo diferente. El etrog, el cual es dulce y tiene un aroma agradable, simboliza la persona erudita de la Torá y la cual lleva a cabo buenas obras. El lulav, que proviene de una palmera de dátiles, tiene un fruto dulce sin olor. Esto representa a una persona erudita de la Torá, pero no llevan a cabo buenas obras. El hadár es todo lo opuesto, tiene una fragancia agradable, pero carece de sabor. Esto simboliza la persona que lleva a cabo buenas obras pero carece del conocimiento de la Torá. Por último el arava no posee sabor, ni olor. Esta simboliza la persona que no tiene conocimiento de la Torá y no lleva a cabo buenas obras. Por esto en el Berit Chadasha se le recuerda al creyente que la fe sin obras es una fe muerta (Jacobo o Santiago 2:17). La sinagoga toma un rol importante en esta festividad. Muchas sinagogas construyen una Sukká comunitaria para así permitir a todos los feligreses participar en estas festividades. Los servicios en honor a esta festividad se lleva a cabo el primer y octavo día, como lo estipula la Torá. La comunidad judía durante esta festividad se acerca al Di-s de Yisrael con acción de gracias por este habitar en su pueblo.

En el Berit Chadasha encontramos referencias importantes relacionadas con Sukkot. Encontramos la primera referencia a Sukkot al principio de los evangelios. Yochanan establece la relación de Sukkot con Yeshúa y proclama su naturaleza divina. El verbo no solo está con Di-s en el principio, sino que el verbo mismo es Di-s (Juan 1:1). Este verbo o palabra se manifestó en el mundo haciéndose carne y hueso:

> Y el Logos se hizo carne, y tabernaculizó entre nosotros, y contemplamos su gloria (gloria como del Unigénito del Padre), lleno de gracia y de verdad.
>
> Juan 1:14

Yeshúa era mucho más que un rabí. De acuerdo a las sagradas escrituras él es la manifestación visible de Di-s. Yochanan al describir la primera venida del Mesías a su pueblo, usa la imagen de la fiesta de Sukkot, la festividad en la que se celebra el hecho que Di-s habita con nosotros.

Existe la controversia en cuanto a la fecha de nacimiento de Yeshúa. Muchos creyentes afirman que no existe forma con certeza de fijar esta fecha. Desde el concilio de Nicea, la iglesia ha adoptado el 25 de diciembre como la fecha oficial para reconocer el nacimiento del Mesías. Sin embargo, la mayoría de los historiadores aceptan que esto fue una concesión hacia los paganos del imperio romano. La iglesia «cristianizó» las festividades paganas para facilitar su adopción en el imperio romano. El 25 de diciembre es un ejemplo de este caso. Esta fiesta celebraba el regreso del sol después del invierno. Esta festividad fue adoptada por la iglesia aunque no tenía nada que ver con el nacimiento de Yeshúa. Para muchos creyentes de tiempos posteriores tenían la impresión que no existía evidencia conclusiva de la verdadera fecha del nacimiento de Yeshúa. Desafortunadamente, muchas personas por falta de conocimiento pasan por alto la evidencia que provee Sukkot. Cuando Yochanan describe el nacimiento del Mesías, lo describe usando «el Logos se hizo carne, y tabernaculizó» (Juan 1:14).

Es sorprendente que el Mesías murió en la cruz como nuestro cordero en el mismo día de Pesach. El derramamiento del Ruach HaKodesh se llevó a cabo en el día de Shavuot. La pregunta es ¿acaso un evento tan importante como el nacimiento del Mesías iba a quedar sin ser anunciado por una de las festividades bíblicas? De todos los días festivos del Señor Sukkot es la que simboliza que Di-s habita en medio de su pueblo a través de la presencia del Mesías.

Otro detalle del nacimiento del Mesías tiene que ver con la inmensa multitud que buscaban alojamiento, con el resultado de que «no había sitio para ellos en la posada» (Lucas 2:7). Verdaderamente pudo haber sido cierto que mucha de esta congestión humana estuviera relacionada con el censo tomado por los romanos en aquel tiempo. Pero hay que tomar en cuenta que los romanos eran conocidos por llevar a cabo censos de acuerdo a las costumbres de la población de los territorios ocupados. En el caso de Yisrael los romanos optaron por hacer que el pueblo se reportara a sus provincias natales en el tiempo que fuera conveniente para los judíos. El tiempo más lógico para recaudación de impuestos hubiera sido después de la cosecha durante el otoño. Si esto coincidiera con una de las fiestas solemnes judías era de esperarse que toda el área de Yerushalaim y Bethlechem estuviese repleta de peregrinos. De las tres fiestas solemnes, la única que cae en otoño es Sukkot. Pesach y Shavuot ocurren durante la primavera. Lo más probable es que el relato de la natividad de los evangelios ocurrió durante Sukkot. Sukkot es la única festividad judía que refleja el nacimiento del Mesías. El Mesías habito entre su pueblo, tal como el significado de Sukkot.

Aparte de la conexión con el nacimiento del Mesías, esta fiesta conlleva otras lecciones espirituales. Dado que Sukkot también estaba destinado a ser la festividad de la cosecha a finales de otoño, se acostumbraba darle gracias a Di-s por los frutos del año. Es importante observar que durante Sukkot las oraciones se cantaban para darle gracias a Di-s por las lluvias que habrían de venir durante el invierno, las cuales son esenciales para restaurar la tierra.

Durante la era del segundo templo existía una costumbre para ilustrar este hecho. El sumo sacerdote tomaba una jarra de agua y la llevaba al estanque de Shiloach, la llenaba y la llevaba de regreso al templo. Multitudes formaban una enorme procesión detrás del sacerdote, danzando, cantando salmos de הַלֵּל (Halel – «Alabanza») durante el peregrinaje hasta el templo. Los salmos usados durante este evento se encuentran en Techillim 113-118. En los primero seis días esta procesión formaba un círculo alrededor del templo. En el séptimo día הוֹשַׁעְנָע רַבָּא (Hoshana Rabá – «Gran suplicación» en arameo) se hacía siete veces para intensificar el gozo del pueblo. El punto prominente de la ceremonia era cuando el sacerdote derramaba el agua sobre el altar. La respuesta era sumamente intensa y se vino a conocer como שִׂמְחָה בֵּית הַשּׁוֹאֵבָה (Simchá Beit HaShoeva – «El regocijo de la casa donde se saca el agua»). Esta ceremonia fue enlazada un significado mucho más profunda que la esperanza de lluvias en el invierno. Los rabís entrelazaron Yeshaiyahu 12:3 con esta observación:

> Sacareis aguas con alegría del manantial de la salvación.[2]
>
> Yeshaiyahu 12:3

Más que el derramamiento de agua temporal en Yisrael, el Simchá Beit HaShoeva simboliza los días de la redención mesiánica, cuando el agua del Ruach HaKodesh seria derramada sobre toda Yisrael. Di-s edificara por fin su lugar

---

[2] Salvación en Hebreo es יְשׁוּעָ o Yeshúa

de habitación en su pueblo, cuando su reino sea establecido bajo el reinado del Mesías.

Cuando entendemos este marco histórico podemos apreciar los eventos que están escritos en una celebración en particular que se describe en el Berit Chadasha:

En el último día, el más grande de la fiesta, Jesús se puso en pie, y alzando la voz, dijo: ¡Si alguno tiene sed, venga a mí y beba! El que cree en mí, como dijo la Escritura, de su vientre fluirán ríos de agua viva. Esto dijo acerca del Espíritu que iban a recibir los que creyeran en Él, porque todavía no había Espíritu, pues Jesús no había sido aún glorificado.

Juan 7:37-39

En plena celebración de Sukkot, el gozo de los primeros seis días era exuberante. En HoShana Rabá las multitudes estaban emocionadas ante la expectativa por el Mesías y por el Ruach HaKodesh que el traería. Justo al momento de sacar el agua, Yeshúa hace una proclamación la cual fue extremadamente controversial: Si alguien genuinamente desea lo que representa Beit HaShoevá, que este crea que yo soy el Mesías y derramare el Ruach HaKodesh sobre todo Yisrael.

Estas palabras eran sumamente radicales y en aquella ocasión causo bastante conmoción en el Templo.

Y al oír estas palabras, de entre la multitud decían: ¡Verdaderamente éste es el Profeta! Otros decían: ¡Éste es el Mesías! Pero otros decían: ¿Acaso el Mesías viene de Galilea?

Juan 7:40-41

Yeshúa afirmo fuera de duda que él era el Mesías prometido en el Tanakh. Sin embargo la controversia acerca de la respuesta del pueblo es evidente hasta el presente. Cuando Sukkot se entiende en la forma apropiada nos debería llevar a creer en Yeshúa como el mesías prometido de Yisrael. Esto es evidente en las sagradas escrituras las cuales documentan que muchos creyeron entre aquella multitud en el primer siglo de la era común. Yeshúa es quien afirmo ser la encarnación del significado de Sukkot: Di-s habitando entre nosotros.

Hanuká – El festival de la dedicación

> El día veinticinco del noveno mes, llamado Quisleu, del año ciento cuarenta y ocho, se levantaron al romper el día y ofrecieron sobre el nuevo altar de los holocaustos que habían construido un sacrificio conforme a la Ley. Precisamente fue inaugurado el altar con cánticos, cítaras, liras y címbalos, en el mismo tiempo y el mismo día en que los paganos lo habían profanado. El pueblo entero se postró en tierra y adoró y bendijo al Cielo que los había conducido al triunfo. Durante ocho días celebraron la dedicación del altar y ofrecieron con alegría holocaustos y el sacrificio de comunión y acción de gracias. Adornaron la fachada del templo con coronas de oro y pequeños escudos, restauraron las entradas y las salas y les pusieron puertas. Hubo grandísima alegría en el pueblo, y el ultraje inferido por los paganos quedó borrado. Judas, de acuerdo con sus hermanos y con toda la asamblea de Israel, decidió que cada año, a su debido tiempo y durante ocho días a contar del veinticinco del mes de Quisleu, se celebrara con alborozo y regocijo el aniversario de la dedicación del altar.
>
> 1 Macabeos 4:52-59

חֲנוּכָּה (Hanuká – «Dedicación») sobresale entre las festividades bíblicas. Esto se debe a que esta festividad no se encuentra entre las festividades prescritas en la Torá (Vayikra 23), ni en ninguna sección del Tanakh. La documentación de esta festividad se encuentra en el libro de Macabeos en la Septuaginta y en los escritos de Josefo. No debemos de asumir que no es una festividad bíblica dado que Moshe no hablo de Hanuká. Pasajes posteriores de las sagradas escrituras hacen alusión a esta festividad.

Para poder entender esta festividad, hay que entender la historia de Yisrael. En el periodo helenístico, alrededor del año 167 antes de la era común, el pueblo judío se encontraba bajo la opresión de lo que era el imperio de Alejandro Magno. Unos cuantos años atrás los griegos tomaron control del medio oriente bajo el liderazgo de Alejandro Magno de Macedonia. Al levantar su imperio, Alejandro parecía haber unificado al mundo antiguo bajo un gobierno y cultura común mejor conocido por el helenismo. Después de la muerte repentina de Alejandro, al este no dejar un heredero a su trono, su reino se dividió a causa de un tumulto político entre sus cuatro generales. Los Ptolomeos tomaron el sur incluyendo Egipto. Los Seléucidas se apoderaron del área norte que se encontraba por el perímetro de Siria. Esto dejo a Yehuda atrapada entre el medio de una lucha de poder. Eventualmente los Seléucidas/Asirios, bajo el liderazgo de Antíoco IV, tomaron posesión de Yehuda.

El Rey Antíoco impuso una política dictatorial de asimilación de la cultura helenística prevalente. Sin respetar la cultura o las creencias de los pueblos capturados, los Seléucidas exigían sumisión al «helenismo». Los griegos impusieron que esta asimilación debería aplicarse a todos los aspectos de la vida cotidiana. Esto conllevaba asimilación del idioma, las artes, e inclusive la religión. Esta política de helenización trajo conflicto para muchos pueblos bajo el dominio de los Seléucidas. Cabe destacar que los griegos eran sumamente respetados por su cultura. Inclusive, muchos judíos en Yehuda adoptaron el estilo de vida helenístico y abogaban abiertamente por la adherencia a él. Sin embargo, había un número bastante grande de judíos tradicionales celosos que no aceptaron este cambio en su cultura. La hostilidad del Rey Antíoco y de los Seléucidas creció contra estos judíos que no asimilaron al helenismo.

Ante este problema el Rey Antíoco procedió a tomar medidas drásticas para implementar esta política. Se les dio un ultimátum: La comunidad judía tenía que dejar sus costumbres tradicionales (el Shabbat, las leyes Kosher, la circuncisión, etc.) o morirían. Para confirmar sus intenciones, el rey Antíoco entro con sus tropas a Yerushalaim y profano el Templo. Desde los altares hasta los utensilios, incluyendo la menorá, fueron profanados o destruidos. Antíoco también ordeno que se sacrificaran cerdos y forzó a los sacerdotes a tomar sangre de cerdo en el altar. El procedió a levantar una imagen del dios griego Zeus como símbolo del nuevo enfoque de adoración en el templo. Encima de todo esto, Antíoco decreto que él fuera llamado Epífanes (dios manifiesto). Aquello era suficiente para que cualquier judío religioso rechazara su reinado. La comunidad judía rápidamente encontró la manera de manifestar sus sentimientos a este rey. Lo llamaron Epímanes (loco) en vez de llamarlo Epífanes.

Ante este ataque despótico hacia el pueblo judío y su fe los rumores de una rebelión se escuchaban por toda Yehuda y se materializo en una pequeña aldea llamada Modi'in. Las tropas sirias entraron en esta aldea para implementar la póliza de asimilación. Los soldados de Epífanes planificaron construir un altar temporal a sus dioses falsos y forzar a la población judía a participar en una ceremonia pagana. La gran culminación de esta ceremonia religiosa era que todos los participantes comerían carne de cerdo.

En esta aldea vivía un sacerdote anciano y devoto al Di-s de Yisrael junto a sus cinco hijos. Su nombre era Matatías y cuando los soldados lo seleccionaron para llevar a cabo la ceremonia pagana, Matatías y sus hijos se indignaron. Ellos mataron a los soldados e iniciaron una rebelión en contra de este gobierno tirano. Uno de los hijos, Yehuda, se levantó como el líder y lo llamaron מַכַּבִּי (Macabí – «Macabeo» o «el martillo»). El significado de martillo alude a la fortaleza de la familia de Matatías y sus hijos, en especial Yehuda. Pero existe otro origen de la palabra Macabí que tiene un significado más profundo. El nombre Macabí son las primeras letras del grito de guerra judío מִי כָמֹכָה בָּאֵלִם (Mi Chamocha Baelim – «¿Quién como tú, oh Señ-r?» que también se puede interpretar como «Que venció a los dioses»). El origen de grito de guerra se encuentra en Vayikra 15:11. Si se toma las primeras tres letras de este grito de guerra, tenemos MCB.

Como el ejército del rey Antíoco era abrumadoramente innumerable y al este contar con mejores recursos que el ejército de los Macabeos, estos tuvieron que recurrir a estrategias creativas. Apoyándose en sus conocimientos del terreno y empleando tácticas de guerrilla, la rebelión obtuvo un éxito sorprendente a la cual se lo atribuyeron a su convicción de que el Di-s de Yisrael era el único Di-s verdadero y fiel. Los Macabeos lograron lo imposible. En el mes hebreo de כְּסְלוּ (Kislev – alrededor de diciembre) expulsaron a los asirios y reposeyeron el Templo en Yerushalaim.

Al tomar posesión del templo comenzó la ardua faena de restaurar la adoración al Di-s de Yisrael en el Templo. Los judíos encontraron los cuartos sagrados del templo arruinados por la profanación de la idolatría Asiría. Los Macabeos y sus seguidores limpiaron el altar y restauraron los artículos y utensilios sagrados. La menorá rota era un artículo de suma importancia dado que simbolizaba la luz de Di-s. Al restaurarla enfrentaron una adversidad. La tradición judía cuenta que al buscar el aceite para la menorá solo encontraron lo suficiente para tenerla prendida por un día. El aceite requería una preparación especial y los sacerdotes necesitaban por lo menos ocho días para poder producirlo. Ante este dilema los judíos decidieron que era mejor encender la menorá a pesar de la falta de aceite. Para su asombro el aceite no solo mantuvo la Menorá encendida por un día sino que la luz se extendió por ocho días consecutivos. El tiempo necesario para producir más aceite.

El Templo fue restaurado y re-dedicado a la gloria del Di-s de Yisrael. Se estableció una fiesta de ocho días y la llamaron Hanuká. Cada año el 25 de Kislev la comunidad judía conmemora dos milagros: El milagro del aceite de la menorá y el milagro de la victoria militar.

Es interesante notar que en el Tanakh Hanuká es predicho claramente en sus escritos. La visión del profeta Daniel tiene una descripción asombrosamente detallada de los eventos relacionados a Hanuká. Daniel describe a los reinos que tomarían posesión de Yisrael.

> El macho cabrío es el rey de Grecia, y el gran cuerno entre sus ojos es el primer rey de Grecia. Y en cuanto al cuerno que fue quebrado, y sucedieron cuatro en su lugar, significa de esa nación se levantarán cuatro reinos, aunque no con la fuerza de él.
>
> Daniel 8:21-22

El profeta Daniel provee una descripción detallada el levantamiento del imperio Macedónico bajo el liderazgo de Alejandro Magno. Esto es simbolizado con el cuerno grande. El cuerno grande se quebranta a través de la muerte prematura de Alejandro Magno y sus cuatro generales se dividen el reino en partes iguales. Esto es presentado como los cuatro cuernos. Después de estos eventos Daniel nos continúa relatando:

Y al fin del reinado de éstos, cuando los transgresores hayan completado su transgresión, se levantara un rey altivo de rostro y entendido en enigmas. Y su poder será enorme, pero no por su propia fuerza, y causará grandes ruinas y prosperará, y actuará arbitrariamente, y destruirá a los fuertes y al pueblo de los santos. Con su sagacidad hará prosperar el engaño en su mano, y se ensoberbecerá en su corazón, y en tiempo de seguridad destruirá a muchos, y se levantara contra el príncipe de los príncipes, pero será quebrantado, aunque no por mano humana.

Daniel 8:23-25

De acuerdo a esta revelación visualizada por Daniel, el reino helenístico estaría bajo la dirección de un líder que perseguiría al pueblo judío con un poder ajeno. Se enaltecería a sí mismo a través de sus palabras y su ataque inhumano al pueblo judío. Esta profecía fue cumplida bajo el reinado del Rey Antíoco que se autoproclamo Epífanes. Pero el Di-s de Yisrael había prometido que este rey seria destruido sin ninguna ayuda humana. La visión presento la persecución del ejército del Rey Antíoco y la liberación milagrosa por Di-s. El milagro de Hanuká se menciona en el Tanakh con lujo de detalles. Algunos eruditos bíblicos sugieren que estos escritos fueron hechos después de los eventos de Hanuká y que no fueron escritos proféticamente.

En el Berit Chadasha se hace mención de Hanuká:

Llego entonces la Dedicación[3] en Jerusalem. Era invierno, y Jesús se paseaba en el Templo, en el pórtico de Salomón.

Juan 10:22

La festividad de Hanuká es una de las festividades más bellas del judaísmo. Muchos conocen las costumbres, tradiciones y la historia de Hanuká. Pero la mayor sorpresa, para la comunidad judía como para la comunidad cristiana, es que la mención más clara de esta festividad está en el Berit Chadasha. Es irónico que los judíos que celebran esta festividad escasamente tengan referencias bíblicas al respecto. En cambio aquellos que no reconocen Hanuká tienen la referencia más explícita en el Berit Chadasha. Esto nos lleva a la primera razón por la cual los creyentes de Yeshúa deberían de entender y celebrar esta festividad: El Mesías mismo la celebró. Yeshúa no solamente celebro Hanuká, sino que la guardo en el mismo Templo que había sido purificado y re-dedicado un par de años atrás bajo los Macabeos.

Muchos eruditos judíos le dan un significado más profundo a Hanuká. La tradición rabínica nos enseña que: «Entonces, la luz es encendida para dar inspiración, porque la luz del mesías debe de brillar intensamente dentro de nuestros corazones aun cuando otros no la puedan apreciar».

Dado que Hanuká es una celebración de liberación, también ha venido a ser un tiempo para expresar la esperanza de la liberación bajo el reino del Mesías. Así como los Macabeos fueron usados por Di-s para redimir a Yisrael, el Mesías vendrá a redimir a su pueblo.

Con este entendimiento, podemos apreciar la escena que se desarrolla en el evangelio de Juan en cual documenta los eventos mientras Yeshúa celebra Hanuká. Durante la festividad de Hanuká, Yeshúa es rodeado por un grupo de judíos y le preguntan: «¿Hasta cuándo nos turbaras el alma? Dinos claramente si tú eres el Mesías». La respuesta a esta pregunta se encuentra posteriormente en Juan 10:25-39. Esto muestra la conexión entre Hanuká y la Navidad. Hanuká

---

[3] Dedicació en Hebreo es חֲנֻכָּה o Hanuká

conmemora una victoria militar para la nación de Yisrael, y sus implicaciones son enormes. Si el Rey Antíoco hubiera tenido éxito en su campaña de asimilación y destrucción, para el tiempo de Yeshúa, ya no hubiesen existido los judíos. El milagro de la Navidad solamente podía suceder después del milagro de Hanuká. Ciertamente todos los creyentes en Yeshúa tenemos razones justificables para celebrar Hanuká.

Purim – La festividad en honor a la reina Ester.

Y Mardoqueo escribió estas cosas y envió cartas a todos los judíos que había en todas las provincias del rey Asuero, próximas y lejanas, ordenándoles que cada año celebraran el día catorce y quince del mes de Adar, como días en que los judíos tuvieron reposo de sus enemigos, en un mes que se convirtió para ellos de tristeza en alegría y de luto en día de fiesta, y que los hicieran días de banquete, de regocijo y de envió de regalos de cada uno a su prójimo, y de dádivas a los pobres. Y los judíos se comprometieron a seguir esa práctica ya iniciada, tal como Mardoqueo les había escrito, porque Amán hijo de Hamedata, el agagueo, adversario de todos los judíos, había tramado la destrucción de los judíos y había echado Pur, que es la suerte, para turbarlos y exterminarlos; pero al presentarse ella (reina Ester) ante el rey, éste ordeno mediante decreto, que recayera sobre su cabeza el malvado plan que había tramado contra los judíos, y lo colgaron, a él y a sus hijos en el madero. Por esto llamaron aquellos días Purim, del nombre Pur. Por tanto, a causa de todas las palabras de aquella carta, y por lo que ellos habían experimentado con ese motivo, y lo que les había acaecido, los judíos establecieron y tomaron sobre sí y sobre su descendencia y sobre todos los que se unieran a ellos, de modo que nunca fuera anulado, el continuar observando estos dos días según está escrito respecto a ellos, y según su tiempo señalado, en cada año, y que estos días fueran recordados y observados de generación en generación, de familia en familia, en cada provincia y en cada ciudad, y que estos días de Purim no cayeran en desuso entre los judíos, ni su recuerdo cesara entre su descendencia.

Ester 9:20-28

Aunque פּוּרִים (Purim – «Suertes») es una festividad menor, aun así es un tiempo de gran gozo y alegría. Su mensaje importante se encuentra encapsulado en su nombre Purim, que significa suertes. Esto es un recordatorio del periodo de la historia judía en la cual se echaron suertes para decidir el día de la destrucción de los judíos. Afortunadamente, el Di-s de Yisrael se aseguró que este malvado plan nunca se cumpliera. Purim es la festividad establecida por Di-s para celebrar la protección de su pueblo ante la amenaza inminente de sus enemigos.

Para poder entender esta festividad es importante entender su contexto histórico. La historia toma lugar durante la primera dispersión del pueblo judío en Persia aproximadamente en el año 450 antes de la era común. Los eventos de Purim se encuentran escritos en el libro de Ester. Este libro recibe su nombre en honor a la heroína de este relato. Esta historia toma lugar en el imperio Medo-Persa bajo el reinado del Rey Ajashveros (Asueros), mejor conocido en los libros de historia secular como el Rey Jerjes. El Rey Ajashveros tenía el control de un reino gigantesco, habiendo conquistado al imperio decayente de Babilonia. Entre sus súbditos se encontraba un remanente judío grande los cuales fueron desplazados de la tierra de Yisrael. Esta comunidad judía sobrevivió y floreció bajo la benevolencia de los líderes persas. El pueblo judío se sentía complaciente y a su vez asimilaron la cultura persa.

Sin embargo, durante el reinado del Rey Ajashveros, las condiciones de vida de los judíos tomaron repentinamente un rumbo fatal. El originador de estos problemas era uno de los oficiales de confianza del rey, Amán. Cuando Amán tomó poder, insistió en que se le debía rendir homenaje y pleitesía. Como las tradiciones paganas dictaban, Amán exigió que todos los sirvientes se inclinaran ante él. Entre los siervos del rey se encontraba Mardoqueo, que anteriormente había descubierto una conspiración para atentar contra la vida del rey. Siendo judío, Mardoqueo era el único que se rehusó a inclinarse ante Amán, ya que esto era idolatría. El libro nos relata que Aman se irritó ante tal insubordinación. Ante esta situación, Aman tuvo el deseo de exterminar a todos los judíos de Persia (Ester 3). Para establecer la fecha de este evento, Amán creó un sistema maquiavélico de פּוּר (Pur – «Echar suerte» en singular) para establecer la fecha en la cual iba a «destruir, matar y exterminar a todos los judíos, desde el joven hasta el viejo, niños y mujeres, en un mismo día, el trece del mes decimosegundo, o sea el Adar, y saquear sus bienes» (Ester 3:13). Siglos más tarde este sistema fue asimilado como la «Solución Final» de Adolfo Hitler.

Mientras Mardoqueo y su pueblo ayunaban y oraban durante este periodo de crisis, la historia tomo un giro inesperado. Una joven judía llamada Ester gana el concurso de belleza dentro del reino y por consiguiente es nombrada reina de Persia. Ante este evento Mardoqueo, el cual esta aparentado con Ester, se dio cuenta que al tener el imperio una reina judía en la corte era la contestación de Di-s ante esta amenaza. Mardoqueo astutamente persuade a la Reina Ester con las siguientes palabras:

> No creas dentro de tu alma que has de escapar en la casa del rey más que cualquier otro judío. Por cuanto si en este momento callas, socorro y liberación vendrá de alguna otra parte para los judíos, pero tú y la casa de tu padre perecerán, y ¿quién sabe si para un tiempo como éste has llegado al reino?
>
> Ester 4:13-14

La Reina Ester quedo tan impactada con estas palabras que no le quedó otra opción que tomar acción ante este asunto. Ella arriesgo su vida al acercarse al Rey Ajashveros con el dilema, solicitando la presencia del rey y de Amán en un banquete especial. En adición, el Rey Ajashveros en una noche, en la cual tuvo insomnio, se puso a leer los rollos históricos de su corte. Sorprendentemente al él buscar conciliar el sueño descubrió que Mardoqueo nunca había sido recompensado por salvar su vida. Dado a este descubrimiento el rey decidió que tanto él, como sus siervos debían rendirle homenaje a Mardoqueo por sus actos heroicos. Posteriormente, Ester expuso los planes maléficos de Amán durante el banquete. La reacción inmediata del rey fue ordenar que Amán fuera colgado en la misma horca que había preparado para matar a Mardoqueo y a los judíos.

Después de la ejecución de Amán y su familia, el rey tenía que enfrentar el problema de su decreto anterior en el cual ordenaba la exterminación de los judíos. De acuerdo al código de leyes de los medos y los persas, una ley decretada por el rey no podía ser anulada. Pero existía un tecnicismo legal en el cual este podía dictar otras leyes que sirvieran para anular la ley anteriormente decretada. Con esto en mente, el Rey Ajashveros decreto que mientras los judíos estaban sujetos a ser atacados, ellos tenían el derecho de poseer armas y de defenderse. Por lo tanto el mismo día que había sido designado por Amán para la destrucción de los judíos (13 de Adar), se convirtió en un día de liberación y de gran gozo cuando la comunidad judía pudo resistir de los ataques de sus enemigos. Esta es la historia de Purim como está detallado en el rollo de Ester. En este día el Di-s de Yisrael fue fiel a sus promesas de velar y cuidar por los hijos de Yisrael (Bereshit 12:3).

En la escritura rabínica se documenta que Amán era descendiente de Amelek. Uno de los mitzvah's que los judíos recibieron era que tenían que eliminar a Amelek: «...borrarás la memoria de Amalec» (Devarim 25:19). Muchos años más tarde el Rey Shaul tuvo la oportunidad de borrar por completo de la faz de la tierra la simiente de Amelek. El atacó a Amelek, pero le perdonó la vida al Rey Agag. Dado que él vivió, esa noche él se aparento con su esposa y ella quedo embarazada. Muchas generaciones más tarde, un descendiente del Rey Agag entra a la historia judía gracias a la misericordia mal puesta del Rey Shaul. El nombre de este individuo era Amán. Lo interesante es que la Reina Ester era descendiente de la simiente del Rey Shaul. El producto del pecado del Rey Shaul el cual produjo terror a los judíos del imperio medo-persa de la destrucción inminente fue corregido por Ester y Mardoqueo. Ellos lograron que los judíos hicieran Teshuvá el cual despertó la compasión de Di-s y arruino los planes de Amán. Años más tarde la reina Ester tiene un hijo y su nombre es Darío. Cuando el Rey Darío toma el lugar de su padre, este ordena la construcción del segundo Templo en Yerushalaim. Al él hacer esto, cumple la profecía que el segundo templo seria construido setenta años después de la cautividad judía (Yirmeyahu 29:10, Daniel 9:2) y el rey le permite a los judíos en exilio volver a la tierra de Canaán. En esencia la Reina Ester vindico la memoria de su padre, el Rey Shaul.

Purim no se menciona directamente en el Berit Chadasha, pero las lecciones de esta festividad están presentes en sus páginas. La lección primordial se encuentra en la lealtad y fidelidad de Di-s hacia su pueblo. En Bereshit 12:3 encontramos que parte de la promesa para Avraham es la protección divina: «Bendeciré a los que te bendigan y maldeciré al que te maldiga, y en ti serán benditas todas las familias de la tierra». La enseñanza de Purim es sencilla, pero profunda: Di-s es fiel a sus promesas. Cada vez que los hijos de Yisrael son amenazados con la destrucción inminente, el interviene porque su palabra está en juego. El rabí Shaul lo expone de la siguiente manera: «Porque irrevocables son los dones y el llamamiento de Dios» (Romanos 11:29). La manera eficaz de resumir todo esto se encuentra en una sola palabra: Protección.

El mensaje de Purim no solamente se aplica al Yisrael antiguo. Cada creyente de Yeshúa tiene también razones para celebrar Purim. La protección consistente que recibe los hijos de Yisrael debe darles un sentido de esperanza y seguridad a todos los creyentes de Yeshúa. Nuestro Di-s cumple sus pactos y es fiel con todos los que le servimos a través de todas las generaciones.

3

Costumbres y tradiciones

En la obra «El violinista en el tejado», el personaje
principal Tevye nos introduce al judaísmo en una canción
llamada: Tradición. Estas costumbres y tradiciones son
basadas como veremos en las sagradas escrituras.

Tradiciones

Berit Milá – El pacto de la circuncisión

Dijo además 'Elohim a Abraham: Y tú guardarás mi
pacto, tú, y tu descendencia después de ti, en sus
generaciones. Este es mi pacto que guardaréis entre Yo
y vosotros y tu descendencia después de ti: Que todo
varón entre vosotros sea circuncidado. Circuncidaréis
la carne de vuestro prepucio, y será por señal del
pacto entre Yo y vosotros. De edad de ocho días será
circuncidado todo varón entre vosotros por vuestras
generaciones, el nacido en casa, o el comprado
con dinero a cualquier extranjero que no sea de tu
descendencia. Ciertamente será circuncidado el

nacido en tu casa y el comprado con tu dinero, y mi pacto estará en vuestro cuerpo por pacto eterno.

Bereshit 17:9-13

Elohim estableció su plan de restauración y salvación para la humanidad con Avraham. Bereshit 17 nos relata que Di-s estableció este pacto con la señal de la circuncisión a través del בְּרִית מִילָה (Berit Milá – «pacto de la circuncisión»). Esta señal sería un recordatorio para todas las generaciones. Avraham y su descendencia fueron llamados a ser un pueblo apartado para Di-s y la circuncisión al octavo día era el medio para marcarlos.

El octavo día simboliza un nuevo ciclo de vida. Es el principio después de la primera semana de haber nacido, los siete días establecidos por Di-s en Bereshit 1. Esto es de Dios a Avraham y su descendencia en la cual sus cuerpos deberían ser santificados como el pueblo escogido por Di-s. Desde sus comienzos, la nación de Yisrael tenía que ser un pueblo distinto el cual reflejara la gloria de Di-s. El Berit Milá sirve como un recordatorio del pacto que hizo Di-s con Avraham por toda su descendencia.

Esta señal ha jugado un papel importante en las costumbres judías. Es interesante notar que a través de la historia judía, los judíos llegaron a no observar esta práctica como es evidente en Yoshua 5. Es importante notar que la circuncisión no le otorga a un individuo el privilegio de ser judío.

Es interesante notar que Berit Chadasha al relatar el nacimiento de Yochanan y Yeshúa nos alude a su Berit Milá:

Entonces se le cumplió a Elisabet el tiempo de dar a luz; y dio a luz un hijo. Y sus vecinos y parientes oyeron que el Señor había engrandecido su misericordia con ella, y se regocijaron juntamente con ella. Y aconteció que al octavo día fueron a circuncidar al niño; y lo llamaban Zacarías, por el nombre de su padre. Pero interviniendo su madre, dijo: ¡No!, sino que será llamado Juan. Y le dijeron: No hay ninguno de tu parentela llamado con ese nombre. Y por señas le preguntaban a su padre cómo desearía llamarlo. Entonces el pidiendo una tablilla y escribió, diciendo: Juan es su nombre. Y todos se maravillaron. Y al instante fue abierta su boca y su lengua, y hablaba bendiciendo a Dios.

Lucas 1:57-64

Y cuando se cumplieron los ocho días para circuncidarlo, entonces fue llamado su nombre Jesús; el cual le puso el ángel antes de que ella quedara encinta.

Lucas 2:21

La circuncisión física es una señal integral del pacto entre Adonai y su pueblo escogido, el pueblo de Yisrael, pero el pacto de Di-s no solamente abarca el mundo físico. Al nosotros tener una relación cercana con Di-s, nuestra conducta debe ser un testimonio viviente de él y somos llamados a ser ministros a todas las naciones.

YHVH tu Dios circundará tu corazón y el corazón de tu descendencia, para que ames a YHVH tu Di-s con todo tu corazón y con toda tu alma, a fin de que vivas.

Devarim 30:6

Y ahora Israel, ¿Qué te pide YHVH tu Dios, sino que temas a YHVH tu Dios, que andes en todos sus caminos, y que lo ames, y sirvas a YHVH tu Di-s con todo tu corazón y con toda tu alma. Guardando los mandamientos de YHVH y sus estatutos que te prescribo hoy por provecho tuyo? He aquí, de YHVH tu Dios son los cielos, y los cielos de los cielos, la tierra y cuanto hay en ella. Solamente de tus padres se agradó YHVH para amarlos, y escogió a su posteridad después de ellos, a vosotros, de entre todos los pueblos, como veis en este día. Circundad, pues, el prepucio de vuestro corazón, y no endurezcáis más vuestra cerviz.

Devarim 10:12-16

Di-s consistentemente analiza nuestros corazones. Di-s nos ve tal y como nosotros somos. Como se puede ver en Devarim 30:6 solamente Di-s puede circundar nuestros corazones. La pregunta es como nosotros podemos conseguir que nuestro corazón sea circundado. La contestación está en el siguiente versículo:

> Pero ellos confesarán sus iniquidades, y las iniquidades de sus padres, y la rebeldía con que se rebelaron contra mí. Y confesarán también que por cuanto anduvieron en oposición conmigo, Yo también tuve que andar en oposición con ellos, y llevarlos a la tierra de sus enemigos. Entonces se humillará su corazón incircunciso y entonces aceptarán el castigo de su iniquidad. Entonces Yo también recordaré mi pacto con Jacob, y también mi pacto con Issac, y también con Abraham recordaré mi pacto, y me acordaré de la tierra.
>
> Vayikra 26:40-42

Para conseguir un corazón circundado tenemos que humillarnos ante la presencia del Di-s de Yisrael y confesar todos nuestros pecados al rey de reyes. Yeshúa pago por completo la deuda de nuestros pecados.

> Porque en Él vive corporalmente toda la plenitud de la Naturaleza Divina, y estáis completos en Él, el cual es la cabeza de todo principado y potestad; en quien también fuisteis circuncidados con una circuncisión hecha sin mano, desvistiéndoos enteramente del cuerpo de la carne, por medio de la circuncisión del Mesías.
>
> Colosenses 2:9-11

El Rabí Shaul era primeramente un rabí. Entre las responsabilidades que tenía el rabí Shaul era hacer la circuncisión. Aun después del concilio de Yerushalaim, él le hizo la circuncisión a Timoteo.

> Quiso Pablo que éste saliera con él; y tomándolo, lo circundó por causa de los judíos que estaban en

aquellos lugares; porque todos sabían que su padre era griego.

Hechos 16:3

La herramienta que el Rabí Shaul uso para hacer la circuncisión se llama אִזְמֵל (Izmel – «bisturí»). Esta herramienta es una cuchilla de dos filos que hasta el día de hoy es usado en todas las ceremonias de Berit Milá.

Porque la Palabra de Dios es viva y eficaz, y más cortante que toda espada de dos filos, y penetra hasta dividir el alma y el espíritu, y hasta las coyunturas y los tuétanos, y es capaz de discernir los pensamientos y las intenciones del corazón.

Hebreos 4:12

En esencia el Rabí Shaul está diciendo que la palabra de Di-s, la Biblia, es el izmel que Di-s usa para circundar nuestros corazones.

Pidión HaBen – El rescate del primogénito

Y sucederá que cuando YHVH te introduzca en la tierra del cananeo, como te juro a ti y a tus padres, y te la haya entregado, harás que todo lo que abra la matriz sea dedicado a YHVH, y de todo primerizo de la cría de tus animales, los machos serán para YHVH, excepto todo primerizo de asno, el cual sustituirás con un cordero, y si no lo sustituyes, lo desnucarás. También redimirás a todo primogénito de varón entre tus hijos, pues sucederá que cuando mañana tu hijo te pregunte, diciendo: ¿Qué es esto? Le responderás: Con mano fuerte YHVH nos sacó de Egipto, de casa de esclavos, y sucedió que obstinándose Faraón en no dejarnos partir, YHVH mato a todo primogénito en la tierra de Egipto, desde el primogénito del hombre hasta el primogénito del animal. Por eso yo sacrifico en honor de YHVH todos los machos que abren la matriz y así redimo todo primogénito de mis hijos.

Shemot 13:11-15

Uno de los pilares de la tradición judía que la hace única es que su Di-s intervino por ella sacándola de la esclavitud de Egipto. Una de las costumbres poco conocidas relacionada a este evento es פִּדְיוֹן הַבֵּן (Pidión HaBen – «El rescate del primogénito»). Cuando Egipto fue azotado con las nueve plagas, el Di-s de Yisrael le prometió a Moshe que en la décima plaga el faraón los pondría en libertad. La décima plaga conllevaba la muerte de todo primogénito egipcio. En cambio todos los primogénitos de los hijos de Yisrael fueron salvados. Esto fue porque ellos pusieron en los postes de sus puertas la sangre del cordero como está relatado en Shemot 12. Ellos hicieron esto porque su Di-s les prometió pasar sobre sus viviendas (Shemot 12:12). Como resultado, Di-s les ordenó a los hijos de Yisrael que todos los primogénitos de los animales y todo varón humano primogénito le pertenecían a él. Esta generación vio claramente que al sus primogénitos ser salvados por la mano de Di-s, estos estaban obligados a ser sus sirvientes y sacerdotes a tiempo completo.

La consagración del primogénito evolucionó para tomar un giro interesante. Por varios años después de la salida de Egipto, estos primogénitos sirvieron como sacerdotes durante el éxodo. Durante el peregrinaje a la tierra de Canaán Di-s designo a una tribu de Yisrael para ejercer la función sacerdotal, la tribu de Leví (Bamidbar 8:14-18). Esto presentó el dilema que tenían que hacer con los primogénitos de las otras tribus. Di-s especificó que los primogénitos tenían que ser rescatados (comprados de nuevo) para cumplir otro servicio que no fuera el de sacerdote. Di-s le hablo a Aarón, el sumo sacerdote y le dijo:

> Todo lo consagrado mediante voto en Israel será tuyo. Todo lo que abra matriz de toda carne que presenten a YHVH, tanto de hombres como de animales, será tuyo. Sin embargo, redimirás sin falta el primogénito del hombre, y también redimirás el primerizo del animal impuro. De un mes efectuarás su rescate, según su rescate, según tu valoración, por precio de cinco siclos de plata, conforme al siclo del Santuario, que es de veinte geras.
>
> Bamidbar 18:14-16

Esta ley no aplicaba a los primogénitos de la tribu de Leví. Dado que los primogénitos de la tribu de Leví eran consagrados a ser sacerdotes, no podían ser rescatados para otro propósito. Esta costumbre servía de recordatorio al pueblo de Yisrael a quienes ellos les pertenecían. El Pidión HaBen es un reflejo del amor salvador de nuestro Di-s el cual todos los creyentes de Yeshúa no deberían de olvidar.

En el Berit Chadasha se registra el Pidión HaBen de Yeshúa.

> Cuando se cumplieron los días de la purificación de ellos, según la ley de Moisés, lo subieron a Jerusalem para presentarlo al Señor (como está escrito en la ley del Señor: Todo varón que abre matriz será llamado santo al Señor), y para llevar un sacrificio conforme a lo dicho en la ley del Señor: Un par de tórtolas, o dos palominos.
>
> Lucas 2:22-24

Yosef y Myriam llevaron a su hijo recién nacido al Templo para cumplir con las obligaciones estipuladas por la Torá. Ellos estaban cumpliendo dos mandatos. Primero la obligación de la purificación de su madre con los sacrificios apropiados (Vayikra 12:1-8). La familia terrenal de Yeshúa no era de la clase acomodada económicamente y por lo tanto presentaron la ofrenda más económica de las palomas. Segundo, era el rescate del primogénito por medio del ritual de Pidión HaBen. Aunque Yeshúa era el Mesías, él no era de la tribu de Leví. Él era de la tribu de Yehuda como lo predijo las escrituras (Bereshit 49:10). La ceremonia de Pidión HaBen de Yeshúa se describe de la siguiente manera:

> Y he aquí había en Jerusalem un hombre cuyo nombre era Simeón. Y este hombre justo y devoto esperaba la liberación de Israel; y el Espíritu Santo estaba sobre él. Y le había sido revelado por el Espíritu Santo que no vería la muerte antes que viera al Ungido del Señor. Y por el Espíritu entro en el Templo; y cuando los padres trajeron adentro al niño Jesús, para hacer con Él conforme al rito de la ley, también él lo

tomo en sus brazos, y bendijo a Dios, y dijo: Ahora, Soberano, despides a tu siervo en paz, Conforme a tu palabra; Porque mis ojos vieron tu salvación, La cual preparaste en presencia de todos los pueblos; Luz para revelación de los gentiles y gloria de tu pueblo Israel.

Lucas 2:25-33

Yosef y Miriam sabían que para poder llevar a cabo el Pidión HaBen de Yeshúa, ellos necesitarían los servicios de un Cohen. Shimeon no era solamente un Cohen devoto pero también un hombre que ansiaba la salvación de Yisrael con la venida del Mesías. De acuerdo a la tradición del segundo templo, la joven pareja pusieron su hijo en los brazos de Shimeon. La costumbre era que el Cohen les preguntaba a los padres porque querían rescatar al niño. Mientras se entregaban las monedas de plata, el Cohen bendecía al niño con las bendiciones tradicionales. Yosef y Myriam se quedaron asombrados cuando escucharon al Cohen agregar sus propias palabras a la bendición tradicional bajo la inspiración del Ruach HaKodesh. Al este decir salvación, la palabra que el uso fue yeshú'a. En esencia él dijo: «Porque mis ojos vieron tu yeshú'a». Shimeon visualizo que Yeshúa sería la salvación de Yisrael y la luz que alumbraría a los gentiles.

Y Simeón lo bendijo, y dijo a su madre Miriam: He aquí, Éste está puesto para caída y levantamiento de muchos en Israel y para señal que es contradicha (a tu misma alma también traspasara una espada), para que sean revelados los pensamientos de muchos corazones.

Lucas 2:34-35

Yeshúa fue presentado como el Mesías. Muchos se regocijaron y bendijeron a Di-s por su lealtad a su pacto (Lucas 2:36-38). Sin embargo, este hijo seria controversial para muchos en Yisrael. El preparo a Myriam diciéndole que su corazón seria atravesado emocionalmente cuando viera la división entre su propio pueblo mientras discutían los reclamos de Yeshúa proclamando ser el Mesías prometido.

Aun hasta el día de hoy la profecía de Shimeon se percibe entre los hijos de Yisrael. Yeshúa es una fuente de controversia y división entre los judíos. Aunque muchos han rechazado a Yeshúa como el Mesías, la casa de Yisrael está dividida. Muchos judíos (aproximadamente sobre 200,000) han aceptado a Yeshúa como su Mesías. Hoy un grupo de judíos mesiánicos dan testimonio que Yeshúa ha traído la salvación (yeshú'a) a todo aquel que lo acepte.

Apropiadamente la presentación de Yeshúa al pueblo judío fue en Yerushalaim en su ceremonia de Pidión HaBen. La redención del Mesías fue la mejor lección aprendida a través del Pidión HaBen. Como escribió su talmid Cefas:

> Sabiendo que fuisteis rescatados de vuestra vana manera de vivir, que vuestros padres os legaron, no con cosas corruptibles, como la plata o el oro; sino con la sangre preciosa del Mesías, como de un cordero sin mancha y sin defecto,
>
> 1 Pedro 1:18-19

Este es el cumplimiento del Pidión HaBen. Así como fue rescatado el pueblo judío de la esclavitud de Egipto, así también los creyentes de Yeshúa son rescatados de la esclavitud espiritual. Los creyentes de Yeshúa no han sido comprados con oro o plata, sino con la misma sangre de Yeshúa.

Todos nosotros nos debemos de preguntar si hemos recibido este regalo de redención, y salvación y si estamos caminando en una vida nueva que Yeshúa pagó con su sangre. Todos los creyentes debemos de apreciar la lección espiritual ilustrada en el Pidión HaBen durante su camino con Yeshúa HaMashiach.

Bar/Bat Mitzvá – hijo/hija del mandamiento

> Hijo mío, si aceptas mis palabras, Y guardas mis mandamientos dentro de ti, Haciendo atento tu oído a la sabiduría, E inclinando tu corazón a la inteligencia, Si invocas a la prudencia, Y al entendimiento alzas tu voz, Si la procuras como a la plata, Y la rebuscas

como a tesoros escondidos, entonces entenderás el temor de YHVH, Y hallaras el conocimiento de Dios.

Mishlei 2:1-5

Una de las costumbres más importantes y mejor conocidas en el pueblo judío es la ceremonia del בַּר מִצְוָה \ בַּת מִצְוָה (Bar Mitzvá / Bat Mitzvá, «hijo del mandamiento» / «hija del mandamiento» en arameo). Este es un tiempo en que el niño o la niña toma su responsabilidad religiosa. Este es el cruce de niñez a la adultez.

El Tanakh no tiene referencia directa a esta costumbre, aunque existen docenas de versículos que apoyan esta ceremonia. Es irónico que el relato más detallado de esta ceremonia se encuentre en el Berit Chadasha durante el Bar Mitzvá de Yeshúa.

E iban sus padres cada año a Jerusalem, a la fiesta de la pascua. Y cuando Él llego a ser de doce años, subieron conforme a la costumbre de la fiesta. Y habiéndose cumplido los días, mientras ellos regresaban, el joven Jesús se quedó en Jerusalem sin que sus padres lo supieran. Suponiendo pues que estaba en la caravana, anduvieron camino de un día, y lo buscaban entre los parientes y conocidos. Pero al no hallarlo, se volvieron a Jerusalem buscándolo, Y aconteció que después de tres días, lo hallaron en el templo, sentado en medio de los maestros, no sólo oyéndolos, sino también haciéndoles preguntas. Y cuantos lo oían quedaban asombrados de su inteligencia y de sus respuestas.

Lucas 2:41-47

El Bar Mitzvá de Yeshúa fue tan importante en su vida que es el único acontecimiento de su niñez que se registra en el Berit Chadasha. Yosef y Myriam viajaron a Yerushalaim con su hijo para celebrar Pesach y para preparar a Yeshúa para los deberes de ser un Bar Mitzvá. Pero este Bar Mitzvá resulto ser diferente a los demás. Cuando su familia se encontraba de regreso a Natzeret, los padres de Yeshúa se dieron cuenta que Yeshúa no estaba con ellos. Cuando lo encontraron en el Templo, lo encontraron donde estaría cualquier Bar Mitzvá.

Recibiendo la bendición de los rabís como la tradición dictaba. Este niño en particular sorprendió hasta a los rabís con la sabiduría de su enseñanza.

Muchos elementos del Bar Mitzvá tradicional se pueden observar en este relato, el de Yeshúa fue especial. Yeshúa es el modelo de lo que un Bar Mitzvá debe ser. Como está escrito en el Berit Chadasha:

> Y aunque era Hijo, por lo que padeció y aprendió la obediencia, y habiendo sido perfeccionado, vino a ser Autor de eterna salvación para todos los que le obedecen.
>
> Hebreos 5:8-9

Yeshúa es el perfecto Bar Mitzvá el cual completo la Torá.

La boda judía

> Y el hombre exclamó: ¡En verdad ésta es hueso de mis huesos y carne de mi carne! Por esto será llamada Varona, porque del varón fue tomada. Por eso abandonará el hombre a su padre y a su madre, y se unirá a su mujer y serán una sola carne.
>
> Bereshit 2:23-24

De todas las costumbres judías, la más bella es la boda. Aunque en todas las culturas la boda es una ocasión especial de bendición, la boda judía tiene un significado espiritual. Los ritos envueltos en la boda son un recordatorio del pacto que hizo Di-s con Yisrael en Shavuot y el amor incondicional hacia ellos. Esta costumbre se divide en tres partes.

Shidduchim

El שִׁידּוּכִים (Shidduchim – «actividad del casamentero») es el primer paso en el matrimonio judío. Este es el periodo en el cual los arreglos preliminares del compromiso se llevan a cabo. Este paso era sumamente importante durante el tiempo bíblico. Era común que el padre del novio seleccionara la futura esposa de su hijo. El matrimonio se visualizaba como una conexión familiar e incluso se veía como una alianza política y el amor era secundario en la relación de pareja.

Una ilustración del shidduchim se encuentra en la historia de Yitzchak.

> Era Abraham anciano, entrado en días, y YHVH había bendecido a Abraham en todo. Y dijo Abraham a su siervo, el más antiguo de su casa, el cual gobernaba todo lo que tenía: Pon ahora tu mano debajo de mi muslo, y te haré jurar por YHVH, Dios de los cielos y Dios de la tierra, que no tomarás para mi hijo mujer de las hijas de los cananeos, en medio de los cuales yo habito, sino que irás a mi tierra y a mi parentela y tomarás mujer para mi hijo Isaac.
>
> Bereshit 24:1-4

Esta sección de la Torá provee un ejemplo clásico del shidduchim. Aunque esto era la responsabilidad de Avraham, en este caso no era posible dado a su edad avanzada. Esta es la razón por la que Avraham asigna a su criado como su representante. Él le asigno la tarea de adquirirle una novia que fuera de su propia tribu semita. A través de los años esta persona se conocía como el שַׁדְכָן (shadchán – «casamentero»). En la obra el violinista en el tejado uno de los personajes principales es la casamentera.

El criado encontró a la pareja ideal para Yitz'chak al ver como Di-s intercedió al el encontrar a una hermosa mujer llamada Rivkah. Convencido de la selección adecuada, el siervo procedió al próximo paso del shidduchim. Este paso se llama כְּתוּבָּה (ketubá – «contrato matrimonial»). La ketubá es un contrato matrimonial el cual documenta detalladamente las condiciones y provisiones propuestas para el matrimonio. En este documento hebreo, el novio promete apoyar y dar soporte a su novia, mientras que la novia estipula los contenidos de su estado financiero. Esto se puede observar en el relato del criado de Avraham. Después que el criado termino de conversar con Lavan, el reacciono de la siguiente manera:

> Cuando el siervo de Abraham oyó sus palabras, se postró en tierra ante YHVH. Después sacó el siervo alhajas de plata y objetos de oro, y vestidos, y se

los dio a Rebeca. También dio valiosos regalos a su hermano y a su madre.

Bereshit 24:52-53

A pesar que esto era un matrimonio arreglado, parte de la ketubá contenía una cláusula que estipulaba que era mandatorio que tuviese el consentimiento de la novia. Esto es evidenciado cuando el criado le dice a Avraham «Quizá esa mujer no consienta en venir tras de mi a esta tierra» (Bereshit 24:5). Afortunadamente Rivkah acepto las condiciones de la ketubá (Bereshit 24:58).

En la preparación para la ceremonia de compromiso, era común que el novio y la novia llevaran a cabo inmersión espiritual en el agua (mikvá). Esta inmersión en el agua (mikvá) siempre simbolizaba purificación espiritual.

El shiduchim comienza con la selección de la novia. De la misma manera, todos los creyentes de Yeshúa han sido escogidos como su novia (Efesios 1:4). Di-s padre es el padre del novio y el shadchán que hace la selección. El rabí Shaul hace la siguiente observación del shiduchim:

> ¡Ojalá me soportarais un poco de insensatez! Pero... soportadme, pues os celo con celo de Dios, porque os desposé con un solo marido para presentaros como una virgen pura al Mesías.
>
> 2 Corintios 11:1-2

El rabí Shaul exhorta a los creyentes de Corinto a quedarse en el camino de la fe, haciendo alusión al shiduchim. El mismo se compara con un shadchán espiritual el cual les presentó a estos creyentes a su futuro esposo, Yeshúa.

La ketubá espiritual es el pacto de Di-s con la humanidad. El novio (Yeshúa) promete pagar el precio apropiado por su amada con su propia muerte. La novia (el cuerpo de creyentes) promete pagar con una vida rendida al Di-s de Yisrael. El rabí Shaul resume la ketubá de la siguiente manera: «Porque fuiste comprados por precio. Glorificad, por tanto, a Dios en vuestro cuerpo» (1 Corintios 6:20).

Erusin – Compromiso

Después del mikvá, la pareja aparecía debajo de la חוּפָּה (Chupá – «dosel» o «cubierta»). Bajo la Chupá la pareja lleva a cabo la ceremonia pública de expresar su intención de comprometerse. Además de אֵרוּסִין (Erusin, «compromiso»), otra ceremonia frecuentemente se asocia con este periodo llamada קִידּוּשׁ (Kidushin – «santificación» o «ser apartado»). Kidushin específicamente describe lo que significa este periodo de compromiso. El significado es que el novio o la novia se están apartando para su pareja para el pacto matrimonial. Kidushin también se refiere a la ceremonia de erusin que se lleva a cabo debajo de una chupá. La chupá es un símbolo de la preparación de un nuevo hogar (Salmos 19:5; Joel 2:16). Durante la ceremonia, algunos artículos valiosos se intercambiaban, por ejemplo anillos, y se compartía una copa de vino para sellar los votos del erusin.

Después de la ceremonia de erusin, la pareja entraba en el contrato del compromiso matrimonial. El periodo del erusin es por un año en el cual la pareja era considerada casada pero no se les permitía convivir hasta el fin del erusin. Por consiguiente, la pareja no tenía relaciones maritales durante este periodo y cada uno vivía en hogares separados. Este periodo es evidente en la historia de Yitz'chak, en el intervalo entre la aceptación por Rivka y su matrimonio en Canaán. La perspectiva judía de erusin es mucho más formal que el compromiso en el mundo gentil. El erusin comprometía tanto a la pajera que era necesario un divorcio religioso גֵּט (Guet – «divorcio») para anular el matrimonio (Devarim 24:1-4). La opción de llevar a cabo el Guet era disponible solamente para el esposo, dado que la esposa no tenía voz ni voto en el divorcio. Esto es evidente en el Berit Chadasha. Yosef y Miriam estaban en el erusin. Cuando él se enteró que ella estaba embarazada, él pensaba llevar a cabo el Guet.

> Ahora bien, el nacimiento de Jesús el Mesías fue así: Estando desposada su madre Miriam con José, antes que se juntaran, fue hallada encinta del Espíritu Santo. Y José su marido, que era justo, pero no quería denunciarla, se propuso repudiarla en secreto.
>
> Mateo 1:18-19

Este periodo se consideraba un periodo de preparación y la pareja tenía sus responsabilidades. Los novios tenían que usar este periodo como un tiempo para preparación. El novio tenía que enfocarse en un hogar para su esposa y sus futuros hijos. En los tiempos bíblicos, esto se llevaba a cabo al expandirse el hogar del novio añadiéndole otros cuartos. La novia tomaba este tiempo para preparación personal mientras se acercaba el día de la boda. A la novia se le cosería un bello vestido como un símbolo de la ocasión de alegría y gozo que está por venir. Pero más importante que estos detalles es que ambos tomarían este periodo como un año de introspección y contemplación, alistándose para este pacto del matrimonio el cual es considerado un evento sagrado en la comunidad judía.

Entre las bendiciones que se proclaman durante el erusin (kidushin) es la bendición de la primera copa de vino debajo de la chupá. Una de las últimas acciones de Yeshúa mientras estaba en su cuerpo terrenal fue bendecir la copa en su última cena de pesach. Él declaro que no tomaría otra copa con sus talmidim hasta un tiempo más tarde en el reino de Di-s (Mateo 26:27-29).

Ahora que Yeshúa y los creyentes han acordado tomar parte del erusin debajo de la chupá, es como si estuvieran casados. Ciertamente no pueden vivir juntos, pero la promesa es tan segura que se necesitaría un guet para anular el contrato. En adición, el guet es una opción disponible solamente al esposo. Los verdaderos creyentes en Yeshúa estamos eternamente seguros de nuestro pacto con él porque nosotros no lo podemos romper y Yeshúa dijo que nunca lo haría. Como dijo Yeshúa:

> Y Yo les doy vida eterna, y no perecerán jamás, y nadie les arrebatará de mi mano.
>
> Juan 10:28

Dado que los creyentes de Yeshúa han aceptado las condiciones del erusin, ellos se encuentran en el periodo de compromiso. Este periodo abarca la primera copa de la ceremonia del erusin y el matrimonio finalizado simbolizado por la segunda copa. Aunque la pareja es considerada casada, no pueden vivir juntos todavía. El novio tiene sus propias responsabilidades, en especial la preparación del futuro hogar. En las palabras de Yeshúa:

> No se turbe vuestro corazón; creed en Dios, creed también en mí. En la casa de mi Padre muchas moradas hay; si no, os lo hubiera dicho; voy, pues, a preparar lugar para vosotros.
>
> Juan 14:1-2

La novia también tiene su responsabilidad. Los creyentes en Yeshúa deben de consagrarse y mantener una vida espiritual intachable en preparación para la segunda copa. El rabí Shaul lo expresa de esta manera:

> Los esposos: Amad a las esposas así como el Mesías amó a la iglesia y se entregó a sí mismo por ella, para santificarla, habiéndola purificado en el lavamiento del agua con la palabra, a fin de presentar la iglesia para sí mismo, gloriosa, sin que tenga macha ni arruga, ni cosa semejante, sino que sea santa y sin mancha.
>
> Efesios 5:25-27

Nesuim – Matrimonio

La culminación del pacto del acto matrimonial judío es conocido como נְשׂוּאִים (Nesuim, «matrimonio»). La raíz de la palabra nesuim es נָשָׂא (nasa, «cargar»). Nesuim es una descripción literal dado que la novia esperaba que su novio la cargara a su hogar. Había una gran anticipación mientras la novia esperaba la llegada del novio. Una característica única de la boda bíblica judía es que el momento de la llegada del novio con su séquito nupcial sería una sorpresa. Sin embargo, la hora y el día exacto de la ceremonia no se sabía con certeza, dado que el padre del novio tenía que dar su aprobación final para empezar el nesuim.

La novia y el séquito nupcial estarían vigilando y esperando ansiosamente para el momento exacto. Aun a altas horas de la noche, el séquito nupcial tenía que mantener sus lámparas de aceite prendidas en caso de que empezara la boda. La forma en que ellos se enterarían que el tiempo había llegado para la boda es que la costumbre era que un grupo del novio dirigía al cortejo del novio a la casa de la novia, y gritaba: «Miren, ¡el novio viene!» Después seguiría el sonido del shofar (trompeta hecha de cuerno de carnero), el cual se usaba para la proclamación de los días santos y eventos especiales judíos. Con el sonido del shofar, el novio dirije una procesión por las calles hasta la casa de su novia. Después, el cortejo del novio cargaría (nesuim) la novia a la casa del novio donde se levanta una chupá nuevamente. La pareja nuevamente pronunciaría una bendición sobre la copa de vino como lo habían hecho el año anterior. La copa de vino se usa como símbolo de gozo. La copa claramente es distinta a la copa anterior. Esta vez la ceremonia es una finalización de las promesas y los votos anteriores. Lo que se prometió en el erusin ahora se finalizaría en el nesuim. Por primera vez la pareja es libre para convivir como esposo y esposa y de tener relaciones conyugales.

El punto culminante de esta celebración es la cena matrimonial. Más que una cena para todos los invitados, incluía siete días de banquetes, música, danza y celebración (Shofteim 14:10-12). Después de esta festividad, el esposo podía llevar a su esposa a su hogar y de convivir juntos dentro del pacto del matrimonio.

El neusin culmina el acto matrimonial. El Rabí Shaul describe en el Berit Chadasha el neusin que tendremos con Yeshúa.

> Porque el Señor mismo con voz de mando, con voz de arcángel, y con trompeta de Dios, descenderá del cielo, y los muertos en el Mesías resucitarán primero. Después nosotros, los que vivamos, los que hayamos quedado, seremos arrebatados simultáneamente con ellos en las nubes al encuentro con el Señor en el aire, y así estaremos siempre con el Señor.
>
> 1 Tesalonicenses 4:16-17

Este evento profético es una ilustración perfecta de la ceremonia judía. Como los comprometidos con Yeshúa, sus seguidores esperan el comienzo de la segunda parte del chupá. En el cual Yeshúa llevará a su novia a su nuevo hogar en Yerushalaim y establecerá su reino (Apocalipsis 20:4). En Yerushalaim se llevará a cabo la cena matrimonial.

Es interesante notar que la costumbre judía es llevar la boda el tercer día de la semana, el martes. La razón es que en la historia de la creación (Bereshit 1) en el tercer día Elohim creó la vida en la tierra. El propósito es fomentar la idea que el propósito divino de la institución matrimonial es la procreación de la vida. Este hecho es evidente en el relato bíblico de la boda de Canaán en donde Yeshúa convirtió agua en vino.

> Al tercer día hubo una boda en Caná de Galilea, y estaba allí la madre de Jesús.
>
> Juan 2:1

En España durante el siglo 15 se llevaron a cabo las inquisiciones españolas bajo el reinado de la reina Isabel. La reina Isabel deseaba unificar el reino bajo una religión universal, la religión católica romana. Estas inquisiciones estaban enfocadas en contra de los judíos sefaraditas (españoles). Estos judíos fueron forzados a convertirse al catolicismo y fueron llamados conversos. Cuando estos judíos eran cristianizados se les prohibía bajo amenaza de muerte llevar a cabo prácticas judías, como celebrar el shabbat, llevar una dieta Kosher, y de seguir las tradiciones y costumbres judías. Entre ellas se les prohibía terminantemente casarse los martes, dado que los buenos cristianos no se casaban los martes. Por esta razón surgió el dicho: Hoy es martes, no te cases ni te embarques, ni de tu casa te apartes.

La parte de «...ni te embarques, ni de tu casa te apartes» hace alusión a dos eventos que pasaron en el 1492. El primero fue que en ese año los judíos fueron expulsados de España. La segunda fue que Cristóbal Colón tomo por tripulación a los prisioneros en las cárceles para su primer viaje al nuevo mundo. Nadie en España quería viajar al nuevo mundo porque el pensamiento de la época era que la tierra era plana y este viaje sería una muerte segura. Astutamente Cristóbal Colón justifico que se usara a los prisioneros, que eran judíos sefaraditas, como su tripulación. Al él hacer esto salvó a muchos judíos de ser torturados y de una muerte segura bajo la oficina de la inquisición. Lo que hace esta historia más interesante es que Cristóbal Colón era un judío mesiánico.

La Muerte

> Con el sudor de tu rostro comerás pan hasta que retornes a la tierra, Porque de ella fuiste tomado, pues polvo eres y al polvo volverás.
>
> Bereshit 3:19

La perspectiva judía de la muerte es una extremadamente realista comparada con las diversas perspectivas que han existido en diferentes culturas. Esta perspectiva no permite que uno niegue o escape la realidad de la muerte. La muerte es un factor innegable en la vida humana. Aun ante una muerte trágica, la muerte es vista como una parte de la vida que es ordenada por Di-s.

Como describe el relato de la caída del hombre en Bereshit 3, el hombre (אָדָם – «Adam») fue tomado de la tierra (אֲדָמָה – «Adamá»). Este juego de palabras en la Torá es una reflexión del dilema espiritual de la humanidad. La desobediencia y el pecado trajeron la muerte física, el cual conlleva el regreso a la tierra (adamá). Sin embargo, la perspectiva judía siempre ha mantenido la esperanza de una vida superior en un mundo porvenir. Aunque el cuerpo está bajo la maldición de la muerte física, los rabís concuerdan que todos los judíos serán resucitados en una entidad espiritual. En el libro de Kohelet existe una reflexión sobre la muerte.

> Y el polvo vuelva a la tierra, de donde procede, Y el espíritu retorna a Ha-ʾElohim, que lo dio.
>
> Kohelet 12:7

Los rabinos también fueron guiados a la conclusión que habría un juicio porvenir y que este juicio determinaría si el individuo pasaría la eternidad en la bendición o en la condenación eterna. La doctrina del עוֹלָם הַבָּא (olam habá – «el mundo porvenir») y el juicio porvenir se desenvuelven progresivamente en las escrituras en el Tanakh. En el libro de Daniel nos provee los eventos que tomarán lugar en los últimos días:

En aquel tiempo se levantara Miguel, el gran príncipe que está de parte de los hijos de tu pueblo, y será tiempo de angustia, cual nunca fue desde que hubo gente hasta entonces. Pero en aquel tiempo será libertado tu pueblo, todos los que se hallen escritos en el Rollo. Y una multitud de los que duermen en el polvo de la tierra serán despertados, unos para vida eterna, y otros para vergüenza y confusión eterna.

Daniel 12:1-2

La teología rabínica enseña que el cuerpo de una persona en su muerte regresaría a la tierra en espera de la resurrección. En cambio, el espíritu descendería a un lugar llamado שְׁאוֹל (Sheol). Esta morada espiritual está dividida en dos secciones: Un lugar de bendición llamado el paraíso y un lugar de maldición. El nombre de este destino horripilante es גֵּיהִנּוֹם (geyhinom – «valle de Hinom»). Este era el nombre de un barranco en las afueras de Yerushalaim. Interesantemente este lugar frecuentemente se usaba como un lugar de sacrificio pagano, que incluía sacrificios humanos. Para un judío de los tiempos bíblicos el nombre de geyhinom conjuraba imágenes horripilantes. Los griegos llamaron este lugar Guebena. La traducción al español de esta palabra es el infierno.

La esperanza de la resurrección y el mundo porvenir es evidente en las sagradas escrituras.

Yo sé que mi Redentor vive, Y al fin se levantará sobre el polvo, Y después de deshecha esta mi piel, En mi carne he de ver a Dios.

Iyov 19:25-26

Aunque la vida terrenal es importante, siempre ha existido una esperanza superior en la vida eterna como es revelada en las santas escrituras. Di-s corregirá todas las injusticias y aflicciones que enfrentamos en la vida. Cuando el hombre comprende apropiadamente la muerte y el juicio porvenir, el hombre debe ser guiado por una actitud como es reflejado en las palabras del salmista:

Enséñanos a contar nuestros días de tal modo, Que traigamos al corazón sabiduría.

Techillim 90:12

En las costumbres judías, se encuentra una reverencia a la vida y a los que han sido tocados por la muerte. El cuerpo es considerado como una vasija del espíritu que ha sido dado por Di-s (Mishlei 20:27). Por esta razón es de importancia el cuidado y que se provea el honor apropiado durante el entierro al difunto. Es igualmente importante que la aflicción y el dolor de sus seres amados sean adecuadamente atendidas.

En la tradición judía, el entierro se debe de llevar lo antes posible después de la muerte. Puesto que la Biblia hace énfasis en el respeto a la sangre, el proceso de embalsamar el cual conlleva remover la sangre normalmente no es permisible. Igualmente las autopsias no son permitidas, a menos que esta acción pudiese salvar otra vida o si las leyes civiles lo requieren. También la incineración no es permitida por que violaría el mandamiento de enterrar los muertos en la tierra (Bereshit 3:19). Tradicionalmente los entierros judíos se llevan a cabo en menos de 24 horas después de la muerte. Las únicas excepciones son que el día es shabbat o dar tiempo para que miembros de familia en tierras lejanas puedan viajar al entierro.

La preparación del cuerpo del difunto es uno de los mitzvot más importantes. Aunque el cuerpo no es embalsamado, se hace un trabajo meticuloso para limpiar y purificar el cuerpo. El cuerpo es vestido con una bata o manta, llamada el תַּכְרִיכִים (tachrichim – «sudario»). El tachrichim es una prenda de vestir que sigue el patrón de las prendas sacerdotales. Un aspecto interesante es que el tachrichim no tiene bolsillos. La lógica es que esto enfatiza la realidad que uno se va de este mundo sin posesiones materiales. Si el difunto es un hombre, este es cubierto con su talit (manto de oración), al cual se le corta los tzitzhiyot (franjas). Esto es para enfatizar que el llamado terrenal del difunto de observar los mandamientos ha cesado. Durante este proceso, el cuerpo del difunto nunca se deja solo. El cuerpo es vigilado durante la שְׁמִירָה (Shemirá – «la vigilia de guardia»). Los judíos tradicionalmente forman una sociedad religiosa de entierro llamada חֶבְרָה קַדִישָׁא (Chevra Kadisha – «Sociedad santa») que lleva estos servicios.

Usualmente la vestimenta para el entierro es sencilla. Los rabís proponen que la sencillez es una manera de mantener la perspectiva adecuada dado que ante la muerte todos somos iguales. Lo mismo se puede decir del ataúd. La tradición judía dicta que el ataúd apropiado debe ser sencillo y hecho de madera. En contraste a la perspectiva de las otras naciones, el énfasis judío es en la sencillez. La sencillez es un mitzvá dado que la muerte no hace distinción de clase social. La práctica es no tener el ataúd abierto. Igualmente se considera fuera de lugar tener arreglos florales o incluso música en un funeral judío tradicional. La razón es que estos representan los placeres de esta vida y son prohibidos por las leyes rabínicas.

Antes del comienzo del servicio fúnebre, los miembros inmediatos de la familia siguen el ritual de קְרִעָה (kriá – «desgarrando»). Siguiendo la tradición bíblica la familia rasga una parte de su vestido, generalmente el lado izquierdo al lado de corazón como una señal de luto (Bereshit 37:34). Esta costumbre se lleva a cabo por los primeros siete días del periodo de luto. El funeral incluye una eulogía, la cual se recuerda al difunto y su contribución a la comunidad.

Es un requisito tener por lo menos diez hombres (מִנְיָן – «minyán») reunidos para la recitación del קַדִּישׁ (Kadish – «Plegaria mortuoria») en el sepulcro. Esta oración antigua, escrita en arameo, es generalmente la costumbre mejor conocida asociada con el funeral judío. La percepción popular cree que es una plegaria para los muertos. Irónicamente, el kadish ni menciona la muerte, sino que es una oración que exalta a Di-s y ruega por el establecimiento de su reino. Esto enseña que cada persona necesita afirmar la soberanía de Di-s, aun durante la muerte.

Después del funeral y del entierro, la familia inmediata entra en tres periodos de luto. El primer segmento se llama שֶׁבַע (sheva – «siete») y es basado en Bereshit 50:10. El sheva de siete días los cuales empiezan en la conclusión del funeral. La familia empieza este periodo de luto intenso observando ciertas costumbres importantes. Como símbolo del dolor se sigue usando la ropa de kriá y el afeitarse o aplicarse maquillaje son prohibidos. De la misma manera la familia se abstiene de actividades laborables o de recreo.

El segundo periodo de luto se llama שְׁלוֹשִׁים (sheloshim – «treinta»). Este periodo de treinta días es un periodo en el cual la intensidad del sheva disminuye. La rasuración, el maquillaje personal y el trabajo se pueden reanudar. Pero las personas se abstienen de participar en fiestas, bodas y en otras actividades de celebración.

El período final del luto se llama אֲבֵלוּת (avelut – «duelo»). El avelut empieza después del sheloshim y se extiende por el año entero bajo el calendario judío empezando con el día de la muerte. La vida diaria cotidiana continúa pero con el recuerdo del ser querido. El Kadish se recita diariamente en los primeros once meses preferiblemente en la sinagoga. El primer aniversario de la muerte se llama יָארצייט (yahrtzeit – «tiempo del año» en Yiddish). En el yahrtzeit se llevan a cabo los desvelos y la instalación de la lápida. También una vela especial es alumbrada durante yehrtzeit cada año en este día del aniversario de la muerte. Esta costumbre está basada en el siguiente verso bíblico: «Lámpara de YHVH es el espíritu del hombre», (Mishlei 20:27). Otra costumbre es dejar una piedra pequeña sobre la lápida después de una visita. Esto sirve de evidencia que la persona amada no ha sido olvidada. En el judaísmo estas acciones son vistas como formas especiales de honrar la vida y la memoria del ser amado.

En el Berit Chadasha estas costumbres son parte de la cultura de la época. De todos los relatos en torno a la muerte en el Berit Chadasha, el más majestuoso es la muerte y resurrección de Yeshúa. Para todos los creyentes estos eventos son centrales para la fe que profesamos. Pero cuando tenemos la apreciación de los eventos ocurridos con el trasfondo cultural judío esta historia tiene una profundidad simbólica.

Después del juicio religioso y civil en el cual Yeshúa fue encontrado culpable, los romanos lo ejecutaron bajo la muerte más cruel, la crucifixión. Esta muerte agonizante cumplió las profecías y por ende serviría para redimir los pecados de la humanidad (Isaías 53, Daniel 9). Tras su muerte se presentó el dilema de qué hacer con el cuerpo de este rabí controversial que proclamaba ser el Mesías. Las autoridades tenían la preocupación que un talmid de Yeshúa se robara su cuerpo. A ellos les sorprendió que Yosef HaRamatayim (José de Arimatea) se ofreciera para asistir con el entierro.

> Llegado ya el anochecer, puesto que era día de Preparación, es decir la víspera del sábado, vino José de Arimatea, un miembro respetable del Sanedrín, el cual también esperaba el reino de Dios, y entró osadamente ante Pilato y pidió el cuerpo de Jesús. Pilato se sorprendió de que ya hubiera muerto, y llamando al centurión le pregunto si ya había muerto. E informado por el centurión, concedió el cadáver a José.
>
> Marcos 15:42-45

Este relato aclara muchos malentendidos sobre la muerte de Yeshúa. La creencia popular es que todos los judíos (hasta el día de hoy) han rechazado a Yeshúa. Sin embargo, una lectura de los evangelios nos da un mensaje completamente diferente. Esto es evidente una semana antes de la pasión de Yeshúa que una gran multitud de judíos lo recibieron en Yerushalaim recitando la bendición mesiánica בָּרוּךְ הַבָּא בְּשֵׁם אֲדוֹנָי (Baruch Haba Beshem Adonai – «Bendito el que viene en el nombre del Señ-r») (Marcos 11:8-9). También fueron los judíos que lloraron cuando Yeshúa fue dirigido a su crucifixión (Lucas 23:27). La pregunta que el lector se hará es ¿acaso estos creyentes de Yeshúa cambiaron su posición y se unieron a condenarlo a muerte? La respuesta es sumamente sencilla. Existieron muchos que rechazaron que Yeshúa era el mesías, pero había un gran número de judíos que creían que Yeshúa era el mesías. Aun hasta en el Sanedrín habían miembros que creían que Yeshúa era el Mesías. Entre ellos se encontraba Yosef y su colega Nakdimon (Nicodemo).

Aunque es algo sorprendente que Yosef reclamara el cuerpo de Yeshúa, los eventos relatados son consistentes con la costumbre judía.

> Quien habiendo comprado una sábana, lo bajó, lo envolvió en la sabana y lo puso en un sepulcro que estaba excavado en una roca, e hizo rodar una piedra

contra la entrada del sepulcro. Y Miriam de Magdala,
y Miriam, la de José, observaban dónde era puesto.

Marcos 15:46-47

Yosef siguió la costumbre del tachrichim al proveer la
vestimenta fúnebre apropiada. También él y Nakdimon
empezaron el mitzvá de empezar a preparar su cuerpo
para el entierro siguiendo la obligación del chevra kadisha
(Juan 19:38-40). Aun con todos estos preparativos tenían el
problema que el shabbat se estaba acercando y no tenían el
tiempo para completar la preparación del cuerpo. Por esto,
Yosef mando a poner el cuerpo de Yeshúa en la tumba y la
sellaron hasta la conclusión del shabbat. Esto es consistente
con la costumbre judía de que el entierro no se llevaría
durante el shabbat. Este entierro terminaría al concluir el
shabbat. Lo que ocurrió el día siguiente cambio el curso de
la historia de la humanidad.

> Pasado el sábado, Miriam de Magdala, Miriam, la de
> Jacobo, y Salomé, compraron especias aromáticas para
> ir a ungirlo. Muy de madrugada, en el primer día de
> la semana, llegan al sepulcro cuando ya había salido
> el sol, y se decían unas a otras: ¿Quién nos removerá
> la piedra de la entrada del sepulcro? (Porque era
> demasiado grande.) Pero cuando levantan la vista,
> observan que la piedra ha sido rodada. Y entrando
> en el sepulcro, vieron a un joven sentado a la derecha,
> vestido de una larga ropa blanca, y quedaron atónitas
> de espanto. Pero él les dice: No os atemoricéis. Buscáis
> a Jesús nazareno, el que fue crucificado. No está aquí,
> ha resucitado: Ved el lugar donde lo pusieron.

Marcos 16:1-6

Los judíos tratan al cuerpo de los muertos con el mayor
respeto y reverencia. Estas seguidoras de Yeshúa fueron
a completar la purificación y preparación que no se pudo
terminar por el shabbat. Para esto, era apropiado ungir el
cuerpo con perfumes y especies aromáticas. En esa mañana
el cuerpo desapareció. Las mujeres y los talmidim nunca
pensaron que se habían robado el cuerpo dado que las

vestiduras del tachrichim todavía estaban misteriosamente en su lugar (Juan 20:5-8). Ellos fueron testigos de la evidencia más contundente que Yeshúa era el Mesías, Él resucitó. Yeshúa se apareció en su cuerpo glorificado a muchos de sus seguidores confirmando su resurrección (1 Corintios 15:1-8).

Costumbres

Mezuzá – La jamba

> Oye, Israel: YHVH nuestro Dios, YHVH, uno es. Amarás a YHVH tu Dios con todo tu corazón, con toda tu alma, y con toda tu fuerza. Estas palabras que te ordeno hoy, han de permanecer sobre tu corazón, y las inculcarás a tus hijos, y hablarás de ellas sentado en tu casa, andando por el camino, al acostarte y al levantarte. Las atarás como señal sobre tu mano, y estarán como frontales entre tus ojos. Y las escribirás en las jambas de tu casa y en tus puertas.
>
> Devarim 6:4-9

En los tiempos bíblicos, la מְזוּזָה (mezuzá – «jamba» o «marco de puerta») simbolizaba la familia y sus valores. La mezuzá era un lugar donde mostrar la identidad personal. Por esto es que el Di-s de Yisrael mando que la sangre del primer cordero de Pesach fuese aplicada en la mezuzá de cada hogar israelita (Shemot 12:21-22). La Torá también ordena que cuando un esclavo quería voluntariamente quedarse al servicio de su amo, que su oreja fuese perforada enfrente de la mezuzá (Shemot 21:6). Di-s mando a que el pueblo hebreo públicamente mostrara sus mandamientos en la mezuzá de sus casas (Devarim 6:9). La mezuzá es una representación de que el Di-s de Yisrael protege a su pueblo por el poder de su palabra.

A través del tiempo esta costumbre se materializó en la forma de fijar una cajita pequeña en la jamba de la puerta. A esta cajita la llamaron mezuzá y tomó varias formas con diferentes diseños. Aunque la mezuzá es el pergamino que contiene las escrituras en hebreo, la cajita en realidad es el envase que guarda el pergamino. Sin embargo, la cajita junto al pergamino son llamados mezuzá. En la Yisrael del primer siglo se usaba la mezuzá. El historiador judío Josefo describe con lujo de detalles el uso de la mezuzá: «Ellos también deben inscribir las bendiciones principales que ellos recibieron de Di-s en sus puertas y también deben recordar mostrándolo en sus brazos». El uso moderno de la mezuzá extraordinariamente es consistente con su uso a través de los siglos. La mezuzá permanece como un recordatorio constante de seguir al Di-s de Yisrael.

En el Berit Chadasha Yeshúa afirmó el mensaje contenido en la mezuzá. Cuando un rabí le preguntó a Yeshúa cuál era el mandamiento más importante, Él le contestó con el pasaje que se encuentra en la mezuzá: שְׁמַע יִשְׂרָאֵל יְהוָה אֱלֹהֵינוּ יְהוָה אֶחָד (Shemá Yisrael, Adonai Eloheinu, Adonai Echad – «Escucha Isarel: El señor nuestro Di-s, el señor uno es») (Marcos 12:29, Devarim 6:4-5).

Al entenderse el significado de las puertas en la cultura judía, las palabras de Yeshúa tienen un significado profundo:

> Volvió, pues a decirles Jesús: De cierto, de cierto os digo: Yo soy la puerta de las ovejas. Todos los que vinieron antes de mí son ladrones y salteadores; pero no los oyeron las ovejas. Yo soy la puerta: el que por mí entra será salvo, y entrará y saldrá, y hallará pastos. El ladrón no viene sino para hurtar y matar y destruir. Yo he venido para que tengan vida, y la tengan en abundancia.
>
> Juan 10:7-10

Yeshúa usó el símbolo de la mezuzá para señalar que él era la entrada al padre. Yeshúa afirmó que los que siguen su camino se encontrarán caminando en la voluntad perfecta del padre. El simbolismo de la mezuzá se cumple perfectamente en Yeshúa que es nuestra mezuzá que nos conduce a una vida de plenitud espiritual.

Kashrut – Las leyes dietéticas

> Habló YHVH a Moisés y a Aarón, diciéndoles: Hablad
> a los hijos de Israel y decidles; Estos son los animales
> que podéis comer de entre los animales que hay sobre
> la tierra: Comeréis cualquiera que entre los animales
> tenga pezuña hendida y sea rumiante. Sin embargo,
> de los que rumian o tienen pezuña hendida, no
> comeréis… De todos los que están en las aguas, éstos
> podéis comer: todo lo que haya en los mares y en los
> ríos con aletas y escamas, eso comeréis. Pero todo lo
> que hay en los mares y en los ríos que no tenga aleta
> ni escamas, sea reptil o cualquier animal acuático, os
> serán abominación. Esta es la ley de los animales y
> de las aves, y de todo ser viviente que se mueve en
> las aguas, y de todo animal que bulle sobre la tierra,
> para hacer separación entre lo impuro y lo limpio, y
> entre los seres vivos que se pueden comer y los seres
> vivos que no se pueden comer.
>
> Vayikra 11:1-4, 9-10, 46-47

Una de las costumbres judías más conocidas es la
dieta judía. Las leyes dietéticas son conocidas como כַּשְׁרוּת
(Kashrut – «Adecuado»)y cualquier comida que es aprobada
por esta dieta se llama כָּשֵׁר (Kosher – «Apto» o «Adecuado»).
El pueblo judío fue seleccionado por Di-s para ser un pueblo
apartado para él. El pasaje central de Kashrut se encuentre en
Vayikra 11. Después que los hijos de Yisrael fueron rescatados
de Egipto, Di-s hizo un pacto con ellos. Bajo este pacto Di-s
les dio instrucciones detalladas de cómo debían de vivir. Sin
embargo, es importante clarificar que el Kashrut no tiene nada
que ver con la salvación. Ellos recibieron estas instrucciones
después que Di-s los salvó a ellos. El propósito del Kashrut
se puede resumir en una sola palabra, santificación. Como
creyentes en Yeshúa, es crucial estudiar y entender la Torá.
El Mesías no vino a abolir, sino a cumplir todos los preceptos
de la Torá, incluyendo el Kashrut.

En Vayikra 11 se explica en detalle los detalles del Kashrut.
En los primeros ocho versículos se elabora detalladamente

las leyes con respecto a los mamíferos. Los requisitos para que los mamíferos sean comestibles son que tienen que ser rumiantes y tener la pezuña partida. Ejemplos de estos animales son la vaca y la oveja. Es interesante notar que los animales que cumplen uno de los requisitos son considerados impuros para comer. El camello es rumiante, pero no tiene la pezuña partida, en cambio el cerdo tiene la pezuña partida, pero no rumia. La razón por estos requisitos es que estos animales son herbívoros. Al estos animales no comer carne, ayudó a que Yisrael evitara los parásitos que con frecuencia se desarrollan con los carnívoros. El cerdo es un omnívoro, que come vegetación y carne. La lógica de escoger animales rumiantes es que estos animales tienen un sistema digestivo superior al de los otros mamíferos, tienen 2 o 3 estómagos. Estos estómagos sirven como un filtro contra elementos que pueden ser de peligro al consumidor de esta carne. Los animales no rumiantes comen cualquier cosa y estas toxinas son transferidas a su sistema.

En Vayikra 11:9-12 da la definición de los animales del mar. El pez tiene que tener tanto aletas y escamas. El tiburón o el delfín no son considerados Kashrut dado que no tienen escamas. La langosta o los cangrejos no tienen aletas y por lo tanto tampoco son Kashrut. Los peces sin aletas o escamas generalmente son necrófagos (animales que consumen cadáveres de otros animales) del mar. Por lo tanto estas especies contienen niveles altos de toxinas y de colesterol. Estos animales fueron diseñados por Di-s para servir como filtros de toxinas. Esto es una función necesaria, sin embargo, no fueron hechos para ser la comida del pueblo bajo el pacto de Di-s.

En Vayikra 1:13-19 habla de las aves. Estas siguen la misma lógica que la de los peces. Todas las aves que están prohibidas son necrófagas. La categoría final son los insectos y los animales que se arrastran en el suelo. Todo insecto o animal que se arrastra en el suelo no son permitidos en la dieta judía.

En adición otros factores se toman en cuenta. Aunque un animal es Kosher si este murió de una forma violenta en el cual sus órganos pudiesen haber sido desgarrados, no se puede comer (Shemot 22:31). Por esta razón el animal tiene que ser matado de una manera apropiada. También está prohibido comer cualquier animal que murió por causas naturales (Vayikra 11:39-40).

La razón para el Kashrut son las siguientes. Primeramente son los beneficios de salud. Estas leyes protegieron a los hijos de Yisrael de problemas de salud como la triquinosis, que normalmente se adquiere por una dieta que contiene carne de cerdo. La segunda razón y en mi opinión es el propósito principal de las leyes dietéticas es la siguiente:

> Porque Yo soy YHVH, que os hice subir de la tierra de Egipto para ser vuestro Dios. Sed, por tanto, santos porque Yo soy santo.
>
> Vayikra 11:45

El simbolismo espiritual es más importante que los beneficios de salud. Yisrael fue llamado a ser un pueblo santo, distinto y apartado de todas las naciones. No había mejor manera de mantener su pueblo separado de las naciones paganas que dándoles exclusivamente a los hijos de Yisrael unas leyes dietéticas. Estas leyes dietéticas le recordaban al judío que su llamado era a ser diferente al mundo. El Kashrut es un mitzvot de Di-s para ayudar a sus hijos recordar quiénes son y cómo deben de vivir.

Muchos creyentes de Yeshúa descartan el Kashrut como una costumbre arcaica de la Torá. Sin embargo, este tema fue discutido varias veces en el Berit Chadasha. Yeshúa hablo al respecto:

> Y llamando otra vez a la multitud, les decía: Oídme todos, y entended: Nada hay fuera del hombre que entre en él y lo pueda contaminar, sino las cosas que salen del hombre son las que contaminan al hombre. Y cuando entró en casa, apartándose de la multitud, sus discípulos le preguntaban acerca de la parábola. Y les dice: ¿Así que también vosotros estáis sin entendimiento? ¿No comprendéis que todo lo que de fuera entra en el hombre no puede contaminarlo, pues no entra en su corazón, sino en

el vientre, y sale a la letrina? (Esto decía declarando puros todos los alimentos.) Y decía: Lo que sale del hombre es lo que contamina al hombre. Porque de dentro, del corazón de los hombres, salen los malos pensamientos: fornicaciones, hurtos, homicidios, adulterios, avaricias, maldades, engaño, sensualidad, envidia, maledicencia, soberbia, insensatez. Todas estas maldades salen de adentro y contaminan al hombre.

Marcos 7:14-23

Generalmente se asume que estas palabras de Yeshúa anulan el Kashrut. Sin embargo esta interpretación contradice a Yeshúa cuando Él vino a cumplir la Torá y que ni una letra de ella debe ser eliminada (Mateo 5:17-20). Un estudio meticuloso del contexto de Marcos 7 encontramos que Yeshúa no está hablando de los alimentos. Él se está refiriendo al ritual de lavarse las manos.

Se juntaron en derredor suyo los fariseos y algunos de los escribas llegados de Jerusalem. Y viendo que algunos de sus discípulos comían los panes con manos sucias, es decir, no lavadas (porque los fariseos y todos los judíos, cumpliendo la tradición de los ancianos, no comen, a menos que se laven las manos a fuerza de puños, y al regresar del mercado no comen a menos que se rocíen. Y hay muchas otras cosas que han recibido para observarlas: abluciones de copas, de jarros y de utensilios de bronce), le preguntaban los fariseos y los escribas: ¿Por qué tus discípulos no andan conforme a la tradición de los ancianos, sino que comen el pan con manos inmundas?

Marcos 7:1-5

Es claro que esta discusión fue empezada por los rabinos que estaban condenando a los discípulos de Yeshúa por no lavarse las manos. Contrario a la creencia popular, la tradición de lavarse las manos y purificar los utensilios no es un mandato de la Torá. Esta tradición proviene de la Torá oral, comúnmente conocido como la tradición rabínica la cual es tradición de hombres. El asunto no era si la comida era Kosher o no. Yeshúa no estaba declarando que los animales inmundos ahora eran Kosher, sino que estaba afirmando la autoridad de las escrituras sobre la tradición rabínica. Otro punto clave está en la interpretación judía de la palabra alimentos (Marcos 7:19). Por ejemplo, para el judío el caracol, el cerdo, y el perro no se les llamaba alimentos. En este pasaje Yeshúa afirmo que una comida no se hace impura solo porque no se siguieron todas las normas y tradiciones rabínicas.

Algunos creyentes aluden a la visión de Cefas relatada en Hechos 10:9-23. En esta visión Cefas vio descender un gran lienzo del cielo y dentro de él se encontraban todas clases de animales que incluían animales que no eran Kosher. Una voz del cielo ordenó a Cefas que matara y comiera de estos animales. Cefas se quedó perplejo ante esta visión. Muchas personas interpretan que estos versos declaran a todos los animales puros para comer. Esto trae el dilema: ¿Acaso el Di-s que estableció el pacto con su pueblo en el monte Sinaí y les dio la Torá cambia? Además, el mismo declara que él nunca cambia:

> Porque Yo, YHVH, no cambio. Por eso vosotros, oh hijos de Jacob, no habéis sido consumidos.
>
> Malakhi 3:6

Si Di-s mismo declara que Él nunca cambia, ¿por qué Él cambiaría su Torá haciendo todos los animales inmundos Kosher? Desafortunadamente estas personas ignoran los textos los cuales explican el significado de la visión de Cefas:

> Y les dijo: Vosotros sabéis cuán abominable es para un varón judío reunirse o asociarse con un extranjero, pero Dios me ha mostrado que no llame común o inmundo a ningún hombre.
>
> Hechos 10:28

La visión de Cefas era acerca de seres humanos y no tenía nada que ver con alimentos.

Muchos creyentes le atribuyen a Rabí Shaul el cambio de las leyes dietéticas. Romanos 14 abunda en el tema de Kashrut. Sin embargo un estudio minucioso de éste capítulo enseña que el enfoque de los versos no era sobre el permiso de un judío para comer carne que no es Kosher. El enfoque de discusión es sobre el asunto de ser carnívoro o ser vegetariano.

En su carta a Timoteo el rabí Shaul le escribe:

> Que prohíben casarse y mandan abstenerse de alimentos que Dios creó para que, con acción de gracias, participen los creyentes, los que han conocido plenamente la Verdad. Porque todo lo creado por Dios es bueno y no rechazable en absoluto rechazable cuando se toma con acción de gracias,
>
> 1 Timoteo 4:3-5

El rabí Shaul no está diciendo que cualquier cosa que se pueda comer es Kosher. Una re-examinación cuidadosa nos enseña que el rabí Shaul provee dos criterios para definir lo que constituye un alimento. Una es la oración que es la bendición hebrea tradicional. Los judíos siempre bendicen la comida antes de ser consumida. El segundo criterio del rabí Shaul es la palabra de Di-s (1 Timoteo 4:5). En efecto él nos dice que las santas escrituras son el determinante final de lo que es comestible.

Para los judíos mesiánicos y algunos gentiles, si una comida está registrada en la Biblia (Vayikra 11) y es recibida con acción de gracias, esta comida es Kosher. El rabí Shaul no implicaba que con una oración certificaría a un animal inmundo, como el cerdo, como Kosher. Nunca se podrá encontrar una bendición hebrea para este tipo de animal. Este pasaje confirma las enseñanzas de Yeshúa, los creyentes deben de preocuparse de las lecciones espirituales del Kashrut en vez de preocuparse por las enseñanzas de los hombres a través de la tradición rabínica.

Tener un corazón y una vida Kosher es una prioridad en la vida de cada creyente en el reino de Di-s. Aun así el principio más importante es: porque el reino de Dios no consiste en comida ni bebida, sino justicia, paz, y gozo en el Espíritu Santo (Romanos 14:17).

Mikvá – El bautismo

> Habló YHVH a Moisés, diciendo: Ésta será la ley
> para el leproso el día de su purificación: Será traído al
> sacerdote. El sacerdote saldrá fuera del campamento,
> y si al examinarlo el sacerdote, he aquí la llaga de lepra
> del leproso ha sido sanada, el sacerdote ordenará que
> se tomen dos avecillas vivas limpias y madera de
> cedro, púrpura e hisopo para el que se purifica...y
> rociara siete veces sobre el que se purifica de la lepra
> y lo declarará limpio. Luego dejará ir a la avecilla viva
> sobre la faz del campo... Al séptimo día rasurará todo
> su cabello: de su cabeza, de su barba y de sus cejas, es
> decir, rasurará todo su cabello, lavará sus vestidos, y
> bañará su cuerpo con aguas y quedará limpio.
>
> Vayikra 14:1-4, 7, 9

Muchas personas asumen que el bautismo es un concepto
que no existe en el judaísmo. Sin embargo, como en muchas
tradiciones cristianas, casi todas tienen raíces judías. Mucha
de la confusión proviene de la palabra bautismo. La palabra
βαπτίζω (baptizo) es el equivalente en el griego para la
palabra hebrea טְבִילָה (tevilá – «inmersión total en las aguas»).
El concepto de la limpieza ceremonial se encuentra en la Torá.
Di-s les ordenó a los hijos de Yisrael que se lavaran sus ropas
antes que les diera la Torá en el Monte Sinaí (Shemot 19:10).
En Vayikra 8 y 16, se les ordena a Aarón y sus hijos a lavarse
antes de ministrar en el tabernáculo. Existían diferentes tipos
de lavados ceremoniales. Por ejemplo para los varios flujos
de fluidos del cuerpo, como la menstruación de una mujer
(Vayikra 15), o la curación de la lepra (Vayikra 14).

La práctica judía es la inmersión total en un cuerpo de
agua. Al principio la inmersión se llevaba a cabo en un lago
o rio. Con el tiempo se desarrolló la práctica de construir un
arca de agua especial, llamada מִקְוֶה (mikvá – «colección»
o «reunión»). La palara mikvá hace referencia de un lugar
donde se reúnen las aguas de la inmersión. Es interesante
notar que el primer uso bíblico de la palabra mikvá se
encuentra en Bereshit 1:9, donde Di-s habló de la colección

de las aguas durante la creación. En 2 Crónicas 4:5-6 señala que el Rey Shlomo había construido más de tres mil mikveot (forma plural de mikvá) para que el sacerdocio realizara sus obligaciones en el primer Templo. La práctica del mikvá fue bastante común durante el período del segundo Templo. La inmersión para la curación y el servicio de purificación siguiendo el mandato en la Torá.

En el Berit Chadasha se encuentra la mención más prominente del tevila en el principio de los evangelios. Yochanan el inmersor era un profeta en su generación que practicaba el tevila como una parte integral de su ministerio (Marcos 3:1-6). Este relato coincide con los detalles del mikvá y su significado en la cultura judía. La función de Yochanan era preparar el camino al Mesías. Su mensaje principal era el arrepentimiento. Muchos creen que éste evento tomó lugar durante el otoño. El mensaje de Teshuvá (regreso) es un tema central en éste período. En Rosh HaShaná es el tiempo enfocado del año donde Yisrael examina su condición espiritual y enfoca su mirada hacia Di-s.

Suponiendo que Yochanan estaba predicando durante Rosh Hashaná, es consistente que los judíos consideraran tomar un mivké como señal de purificación interna en preparación para los días santos. Esto era aún más importante a aquellos judíos que aceptaron el mensaje de Yochanan de estar preparados para la llegada del Mesías.

La costumbre del mikvá toma un giro más importante a través del Berit Chadasha. El rabí Shaul conocía el concepto del mikvá y sus lecciones espirituales.

> ¿No sabéis que todos los que fuimos bautizados en Jesús el Mesías, fuimos bautizados en su muerte? Por tanto, fuimos sepultados juntamente con Él para muerte por el bautismo, para que así como el Mesías fue resucitado de entre los muertos por la gloria del Padre, así también nosotros andemos en novedad de vida.
>
> Romanos 6:3-4

El acto del mikvá judía representa perfectamente lo que Di-s ha hecho con los creyentes de Yeshúa. Los creyentes han sido sepultados con Yeshúa y resucitados por su poder. Al creyente levantarse de las aguas provee una representación gráfica de la resurrección de Yeshúa. No es de sorprenderse que en la gran comisión, Yeshúa exhortara a su talmidim a bautizar a los nuevos creyentes (Mateo 28:18-20).

Poco después de la resurrección de Yeshúa, se describe los eventos de Shavuot (Hechos 2). Después del derramamiento del Ruach HaKodesh sobre los creyentes del mesías, Cefas dio su mensaje abogando que Yeshúa era el mesías. Los resultados fueron que tres mil judíos se convirtieron. En obediencia a Yeshúa, estos nuevos creyentes fueron exhortados en recibir el mikvá. La tradición popular dicta que estos acontecimientos se llevaron a cabo en el «aposento alto». Sin embargo es imposible que miles de personas se pudiesen reunir en tal cuarto y que tres mil personas se bautizaran. Si estudiamos detalladamente los hechos detallados en Hechos 2, enseña que estos eventos no ocurrieron en el «aposento alto», pero en un lugar descrito como «toda la casa» (Hechos 2:1-2). En hebreo hay otro lugar llamado casa (בַּיִת – beit), por el nombre de בֵּית הַמִקְדָשׁ (Beit HaMikdash – «Templo Santo»). Estos eventos tomaron lugar en el área pública del segundo templo, donde tales multitudes se podían reunir. Esto explica como las tres mil personas pudieron recibir el mikvá en el nombre de Yeshúa dado que el patio del templo tenía estas facilidades.

El Berit Chadasha confirma todas las costumbres hebreas, incluso su importancia espiritual. El mikvé no otorga la salvación pero es un símbolo de la sanación que se ha llevado a cabo, como la persona curada de lepra en Vayikra. Cefas nos reafirma el significado del mikvá a todos los creyentes de Yeshúa:

> El bautismo que corresponde a esto ahora os salva (no por remoción de la inmundicia de la carne, sino como respuesta de una buena conciencia hacia Dios) por medio de la resurrección de Jesús el Mesías.
>
> 1 Pedro 3:21

Tzitziyot – Los Flecos

> Después YHVH habló a Moisés, diciendo: Habla a los hijos de Israel y diles que se hagan flecos en los bordes de sus vestidos, por sus generaciones, y que en cada fleco de los bordes pongan un cordón azul. Tales flecos os servirán para que, cuando los veáis, os acordéis de todos los mandamientos de YHVH y los cumpláis, y no sigáis el impulso de vuestro corazón ni de vuestros ojos, tras el cual os prostituís, a fin que recordéis y cumpláis todos mis mandamientos, y estéis consagrados a vuestro Di-s.
>
> Bamidbar 15:37-40

Una de las costumbres judías más conocida es el uso de צִיצִיּוֹת (tzitziot – «flecos» o «franjas») en ciertas prendas de vestir. Los judíos ortodoxos muestran los flecos como una señal de su devoción a Di-s y de su identidad cultural. Esta costumbre se originó con la orden dada a Moshe directamente por Di-s. Esto era una señal de recordatorio para que Yisrael nunca olvidara que era un pueblo distinto, apartados para servir al único Di-s verdadero. Por lo tanto, las festividades, el estilo de adoración, y la costumbre dietética reflejaban este hecho. La ropa del judío no es la excepción y esta le recordaba de su llamado especial. El צִיצִית (tzitzit – «fleco» o «franja») distingue a los judíos como un pueblo que tiene una misión ordenada por Di-s. La orden bíblica es que los hijos de Yisrael tienen que usar los tzitziyot (la forma plural de tzitzit) en las esquinas de sus prendas de vestir externas. La tradición judía expande la esencia y el uso de los tzitziyot.

La fabricación de los tzitziyot tiene una tradición y significado especial. Cada esquina de la prenda de vestir tenía que tener un hilo largo que había sido teñido un tinte especial de color azul el cual servía de recordatorio del cielo y del enfoque celestial de Yisrael. El hilo azul es conocido como תְּכֵלֶת (tekhélet – «celeste») y es mencionado 48 veces en el Tanakh. Este hilo largo estaba conectado a otros tres hilos más cortos, haciendo el total de cuatro hilos en cada esquina de la prenda de vestir. Estas franjas son atadas de tal manera que son duplicadas y suman un total de ocho hilos. Estos se atan en cinco nudos dobles para representar simbólicamente el número trece. Es interesante notar que los hijos de Yisrael fueron trece (los once hijos sumando los dos hijos de Yosef, Efrayim y Menashe). Otro punto a recalcar es que al sumarse el 13 con el valor numérico en hebreo de la palabra tzitziyot (600), obtenemos el número 613. Este es el total de mandamientos que contiene la Torá. El propósito de los tzitziyot es hacerle recordar al judío a seguir todos los mandamientos de Di-s.

Los tzitziyot son invalidados con la muerte. Para simbolizar esto, se cortan las franjas del טַלִּית (Talit – «Manto de oraciones»). Este conocimiento provee una percepción interesante a la historia del Rey David. David pudo acercarse a su adversario, el Rey Shaul, mientras dormía y cautelosamente le corto el borde de su manto. Esto simbolizaba la muerte, pero David sintió remordimiento y detuvo a sus hombres para salvar la vida del Rey Shaul (1 Shmuel 24).

Los tzitziyot no solamente es un recuerdo a seguir los caminos y mandamientos de Di-s, pero también es una declaración de quien es Di-s. Esto se puede observar en el hecho que cada franja tiene 39 ondulaciones. Esto corresponde al valor numérico de la frase hebrea אֲדֹנָי אֶחָד (Adonai Echad – «Mi señ-r Uno es»). Yisrael en los tiempos bíblicos vivía en un mundo rodeado por naciones paganas que adoraban dioses falsos. Esta costumbre era un recordatorio grafico que el pueblo judío no debía seguir el ejemplo de estas naciones y que su llamado era seguir una vida recta que agradara al único y verdadero Di-s. Toda la faceta de la vida de los judíos, incluyendo su vestimenta, le serviría como recordatorio de este hecho.

La costumbre del tzitziyot todavía es seguida por los judíos, con algunas pequeñas modificaciones a la orden bíblica. El más obvio es que la mayoría de los judíos, con la excepción de los ortodoxos, no usan el tzitziyot como parte de las prendas de vestir para uso diario. En vez de los tzitziyot en las esquinas de la túnica o prenda exterior, la tradición judía desarrolló la costumbre del talit. El talit

(טַלִּית – «manto de oración») normalmente se usa en la sinagoga o durante un culto especial. El talit contiene la misma serie de flecos y nudos en sus cuatro esquinas y con frecuencia es bordado con artesanía judía. Esta costumbre judía fue sometida a algunos cambios, en especial durante la edad media, cuando los judíos estaban en diáspora en el mundo gentil. El uso de los tzitziyot en sus prendas hubiese significado exponerse a ser marginados y perseguidos. Por lo tanto la costumbre fue modificada para que los tzitziyot solo se usaran principalmente en la sinagoga.

Las mujeres no están obligadas a usar los tzitziyot porque de acuerdo a la costumbre rabínica son exentas de cualquier mandamiento relacionado con el tiempo.

Antes de colocarse el talit sobre los hombros, se aguanta con las dos manos y se recita la bendición hebrea: בָּרוּךְ אַתָּה יְיָ אֱלֹהֵינוּ מֶלֶךְ הָעוֹלָם אֲשֶׁר קִדְּשָׁנוּ בְּמִצְוֹתָיו וְצִוָּנוּ לְהִתְעַטֵּף בַּצִיצִית («Bendito eres Tú Señ-r, nuestro Di-s, Rey del universo, que nos has santificado con tus mandamientos y nos has ordenado envolvernos en el tzitzit»).

El talit moderno puede tener varios diseños o trabajos artísticos. Sin embargo, un elemento tradicional falta en la mayoría de ellos. El tekhélet ordenado por la Torá. Esta costumbre bíblica cambio con la destrucción del segundo templo. El tekhélet pasó al olvido al desaparecer el oficio sacerdotal. La fuente de este problema era el alto costo y la rareza del tinte azul. El tinte exacto de azul extraído de un caracol del mediterráneo es incierto. Esto se volvió un punto debatible durante la edad media, mientras este caracol cayó en la extinción. Sorprendentemente, este caracol marino ha vuelto a reaparecer. Este evento ha emocionado a gran número de judíos, en especial un grupo que se llama el instituto del templo los cuales han desarrollado un proceso renovado para extraer el tinte azul. Ellos tienen planeado que el tekhélet sea parte de la vestidura sacerdotal la cual sería utilizada en el templo reconstruido durante la era mesiánica.

Hasta el presente, los tzitziyot recuerdan a los hijos de Yisrael que Di-s los ha consagrado como su pueblo. En los últimos días, la era mesiánica, todas las naciones tendrán una apreciación más grande del pacto de Di-s con el pueblo judío. En buscar la fe del Di-s de Yisrael, muchos gentiles demostrarán su fe de la siguiente manera:

> Así dice YHVH Sebaot: En aquellos días acontecerá que diez hombres de todas las lenguas de las naciones asirán fuertemente por la orla[1] a un judío, diciendo: ¡Dejadnos ir con vosotros, porque hemos comprendido que Dios está con vosotros!
>
> Zekharyah 8:23.

En el Berit Chadasha se encuentran referencias a los tzitziyot. Puesto que los tzitziyot siempre han sido la marca más identificable de la comunidad judía, Yeshúa y todos sus discípulos eran judíos tradicionales que seguían esta orden de la Torá.

El evangelio de Mateo nos relata que Yeshúa cumplía este mitzvá. Se había esparcido la noticia por todo Yisrael que el gran rabí y sanador había llegado. Multitudes buscaban ser tocados por él, pensando que este podría ser el Mesías esperado. Mateo nos relata el siguiente evento:

> Y he aquí una mujer enferma de flujo de sangre desde hacía doce años, se acercó por detrás y agarró el borde de su manto. (Por que decía dentro de sí: Si sólo agarro su manto, seré sanada.) Jesús entonces volviéndose, la miro y le dijo: ¡Ten ánimo, hija, tu fe te ha salvado! Y la mujer fue salva desde aquella hora.
>
> Mateo 9:20-22.

Más adelante el libro de Mateo nos relata un evento similar en la tierra de Genesaret:

> Y pasando a la otra orilla, llegaron a la tierra de Genesaret. Y cuando los varones de aquel lugar lo reconocieron, lo notificaron a toda aquella comarca, y le trajeron todos los enfermos, y le rogaban tan sólo tocar el borde de su manto; y cuantos lo tocaron, fueron sanados.
>
> Mateo 14:34-36.

---

[1] La orilla del manto

Una lectura pasajera puede crear la percepción que la mujer y los varones afligidos por sus enfermedades actuaron por superstición. Pero cuando se estudia estos dos relatos usando el significado de los tzitziyot en el judaísmo, estos hechos reflejan una perspectiva diferente a sus acciones.

Los tzitziyot en las esquinas de las prendas de vestir servían de recordatorio del llamado especial de los judíos. El pueblo judío son los representantes en la Tierra del único Di-s verdadero. El hecho que esta mujer agobiada por su enfermedad haya extendido su mano para tocar los tzitziyot de Yeshúa era una declaración de fe y no de superstición. Ella estaba declarando que Yeshúa era la encarnación de la Torá, que era el verbo de Di-s hecho carne. Sus acciones nos indican la condición espiritual de esta mujer. Por esta razón Yeshúa validó su acción. Debemos recordar el hecho que Yeshúa seguía la Torá y Él usaba los tzitziyot como era ordenado en la Torá. Yeshúa de Nazaret personificó el judío ideal dirigido por el espíritu de Di-s que camina en obediencia a la Torá.

Como cualquier costumbre o tradición, siempre existe el peligro que su significado original sea tergiversado. Este mismo Yeshúa que usó los tzitziyot, les advirtió a sus discípulos de este peligro. En exponer la hipocresía de algunos fariseos, Yeshúa dijo que ellos les gustaba ser vistos por todos «porque ensanchan sus filacterias y alargan los flecos» (Mateo 23:5). Claramente Yeshúa no estaba condenando esta práctica sino él también se estaba condenando. Lo que él condenaba no era el uso de los tzitziyot sino el abuso de este mitzvá. Con mucha frecuencia las personas pierden la perspectiva sobre las lecciones espirituales de una costumbre y la substituyen con su percepción torcida. Yeshúa estaba correctamente señalando a la inconsistencia de las personas usar los tzitziyot sin tener un corazón que le agradara a Di-s. Es irónico que la costumbre bíblica que fue diseñada a recordarle al judío de mantener sus ojos en Di-s actualmente se usara para exaltar al individuo. Yeshúa le enseñó a su pueblo la interpretación original de la Torá y sus costumbres (Mateo 5:17).

Kipá – La cobertura de la cabeza

> De entre los hijos de Israel harás que se presente
> delante de ti Aarón tu hermano, y sus hijos con él,
> para que Aarón, y Nadab, abiú, Eleazar e Itamar,
> hijos de Aarón, sean mis sacerdotes. Harás vestiduras
> sagradas para tu hermano Aarón, para honra y
> esplendor. Y tú mismo hablarás a todos los sabios de
> corazón, a quien he llenado de espíritu de sabiduría,
> para que hagan las vestiduras de Aarón, a fin de
> consagrarlo para que me sirva en el sacerdocio. Y éstas
> son las vestiduras que harán: el pectoral, el efod, el
> manto y la túnica bordada, el turbante y el cinturón.
> Harán vestiduras sagradas para tu hermano Aarón
> y para sus hijos, para que me sirvan en el sacerdocio.
> Shemot 28:1-4

Una de las marcas distintivas de los judíos desde los tiempos de Moshe es la cobertura de la cabeza. Las mujeres ortodoxas usualmente cubren sus cabezas con pañuelos. La mayoría de los hombres judíos, sin importar a cual rama del judaísmo pertenezcan, usan la cobertura de la cabeza cuando están presentes en un lugar de adoración judío. Este concepto de cubrirse la cabeza se formalizó cuando Di-s le instruyó a Moshe con respecto a la vestimenta sacerdotal. Los כּוֹהֲנִים (Cohanim – «Sacerdotes» o «hijos de Aaron») y los לְוִים (Levi'im – «Hijos de la tribu de Leví») fueron nombrados para el sacerdocio. No solamente ellos representaban al pueblo de Di-s, pero también representaban a Di-s mismo. Por esto era requerido que ellos tuvieran ropa santificada. Como parte de la vestimenta sacerdotal, se encontraba el turbante. El significado de este turbante se encuentra con las palabras que lo adornaba: «Santidad para YHVH» (Shemot 28:36-38). Claramente ésta cubierta es un recordatorio que el atributo de Di-s es la santidad. Aunque esta costumbre originalmente se aplicaba al sacerdocio, más tarde la comunidad judía adoptó la práctica de cubrirse la cabeza. La lógica era que si el sacerdote se tenía que cubrir la cabeza, entonces sería apropiado que todo hombre usara cobertura en la cabeza.

También se cuenta que en un relieve en una pared que contaba el cautiverio de los judíos por los asirios se presenta al rey de Yisrael usando un turbante en su cabeza como símbolo de humillación en vez de una corona. Los judíos al regresar del cautiverio trajeron consigo una actitud diferente hacia Adonai. Se dieron cuenta que ellos eran sus siervos y por lo tanto debían de tener sus cabezas cubiertas como los sirvientes y esclavos hacían en ésta época. Por esta razón años más tarde en lá tradición hebrea si un hombre no se cubría la cabeza era considerado un pagano. Le va a sorprender al lector que no siempre hubo una práctica uniforme en el uso de la cobertura. No fue hasta el 1700 de la era común que se aceptó el uso universal de esta práctica. Esta cobertura se llama כִּיפָּה (Kipá - «Cúpula») en hebreo o yarmulke en yiddish. Es interesante notar que el yarmulke es un acrónimo de la expresión hebrea יְרֵא מֵאֱלֹהִים (Yiré MeElohim – «Temor de Di-s»). No importando qué forma tome la cobertura, el mensaje es claro: Los hijos de Yisrael deben de andar siempre en sumisión y humildad ante su Di-s.

En el Berit Chadasha el rabí Shaul le manda una exhortación de los creyentes de Corinto. En esta carta él presenta instrucciones importantes para el culto, incluyendo las vestimentas:

> Y os alabo, porque en todo os acordáis de mí y retenéis las instrucciones tal como os las entregué. Pero quiero que sepáis que la cabeza de todo varón es el Mesías, y la cabeza de la mujer es el varón, y la cabeza del Mesías es Dios. Todo varón que ora o profetiza teniendo algo sobre la cabeza, afrenta su cabeza. Pero toda mujer que ora o profetiza con la cabeza descubierta, afrenta su cabeza, pues es igual a una que ha sido rapada. Porque si la mujer no se cubre, que se trasquile, y si es vergonzoso para la mujer estar trasquilada o rapada, que se cubra.
>
> 1 Corintios 11:2-6

En estos versos se debe notar que el rabí Shaul le está dando unos consejos relacionados a la cultura de Corinto. Algunos creyentes interpretan estos versos como una prohibición al uso de la kipá por los judíos mesiánicos. Sin embargo, el rabí Shaul le está escribiendo a una audiencia influenciada por la cultura helenística y no la cultura judía. Aun para los judíos de Corinto, estas directrices no representaban un problema, dado que el uso de la kipá siempre ha sido flexible de acuerdo a la cultura en que el judío viviera.

Aunque el rabí Shaul estaba enfatizando el tema de tradiciones, el provee las siguientes directrices:

> Pues el varón ciertamente no debe cubrirse la cabeza, ya que es imagen y gloria de Dios, pero la mujer es gloria del varón. Porque el varón no procede de la mujer, sino la mujer del varón; y porque el varón no fue creado por causa de la mujer, sino la mujer por causa del varón. Por esto, la mujer debe tener autoridad sobre la cabeza por causa de los ángeles. Sin embargo en el Señor, ni el varón existe sin la mujer, ni la mujer sin el varón; porque así como la mujer procede del varón, también el varón existe por medio de la mujer; empero todo procede de Dios.
>
> 1 Corintios 11:7-12

El principio detrás del protocolo de cobertura es que mientras puede haber tradiciones y costumbres en la sociedad, lo esencial es vivir una vida que honra los principios bíblicos. La cobertura de la mujer o el kipá para el hombre son secundarios comparados con la sumisión a Di-s. Hay un orden para la relación entre el esposo y esposa y de la misma manera entre el hombre y Di-s. Es interesante notar que la cobertura judía expresa exactamente lo opuesto al contexto helenístico de cubrirse la cabeza. El rabí Shaul está promoviendo la sumisión a Di-s. A la luz de esta interpretación, el uso de la kipá no solo es aceptable sino que en realidad esta práctica cumple las enseñanzas del rabí Shaul.

Tefilín – Las filacterias

> Y sucederá que, si obedecéis diligentemente mis mandamientos que yo os ordeno hoy, amando a

YHVH vuestro Dios, y sirviéndole con todo vuestro corazón y con toda vuestra alma, daré la lluvia de vuestra tierra en su época, temprana y tardía, y recogerás tu grano, tu mosto y tu aceite. Daré también hierba en tu campo para tu ganado, y comerás, y te hartaras. ¡Guardaos!, no sea que vuestro corazón sea seducido y os apartéis, y sirváis a dioses ajenos, y os postréis ante ellos, porque entonces la ira de YHVH arderé contra vosotros, y cerrará los cielos y no habrá lluvia, y el suelo no dará su fruto, y pronto pereceréis en la buena tierra que os da YHVH. Por tanto, pondréis mis palabras sobre vuestro corazón y sobre vuestra alma, y las ataréis por señal sobre vuestra mano, y vendrán a ser como frontales entre vuestros ojos.

Devarim 11:13-21

Uno de los mandatos más antiguos de la Torá al pueblo hebreo es que deben de atarse porciones de las escrituras en sus manos y en sus frentes. Así como la mezuzá en la jamba de las puertas y el tzitziyot en la prendas de vestir, los mandamientos deben de estar en el cuerpo de la persona. Los judíos han cumplido este mitzvot con el תְּפִילִין (tefilín – «filacterias»). El origen de la palabra tefilín proviene de la palabra תְּפִילָה (tefilá – «oración»). El tefilín fue diseñado para asistir al judío en la práctica de la oración. A través del tiempo el tefilín tomó la forma de cajas de cuero que se atan en la frente y en el brazo derecho. En estos cintos de cuero están atadas unas cajas de cuero en las cuales se ponen los textos sagrados. En las cajas está inscrito la letra hebrea שׁ (shin). Los rabinos dicen que el tefilín una vez está enrollado en la cabeza, el nudo que lo sujeta en la cabeza representa la letra ד (dalet) y el final del cinto la letra י (yud). Esto forma la palabra שׁדי (shaday), uno de los nombres del Di-s de Yisrael.

Existen referencias de esta práctica en los escritos del historiador judío Flavio Josefo. Aunque con el tiempo ha habido variaciones, la práctica del uso de tefilín ha permanecido prácticamente igual por miles de años.

Al Berit Chadasha ser escrito por judíos, en estos escritos abundan los elementos tradicionales de su comunidad de fe. En el Berit Chadasha solamente se hace referencia al tefilín:

> Antes bien, hacen todas sus obras para ser vistos por los hombres, porque ensanchan sus filacterias y alargan los flecos.
>
> Mateo 23:5

Es un hecho que Yeshúa no estaba condenando abiertamente al uso del tefilín o de los tzitziyot. Yeshúa usaba los tzitziyot (Mateo 9:20). Él hablaba en contra del abuso de esta costumbre otorgada como un mitzvá por Di-s. Si Yeshúa guardó perfectamente la Torá, se puede asumir que Él también guardó esta costumbre. Pero Yeshúa intervino cuando las tradiciones de los hombres fueron añadidas a las costumbres de Di-s.

Hay otra referencia importante en el Berit Chadasha:

> Y hace que todos, a pequeños y grandes, a ricos y pobres, a libres y esclavos, les pongan una marca en su mano derecha o en su frente, y que ninguno pueda comprar o vender, sino el que tiene la marca: el nombre de la bestia o el número de su nombre.
>
> Apocalipsis 13:16-17

El mensaje de la visión de Yochanan es mucho más claro cuando se comprenden las costumbres judías. Al seguir el mitzvot de usar el tefilín, que su mente (frente) y sus acciones (su mano derecha) serán dedicadas a la gloria del reino de los cielos. No es coincidencia que cuando venga el anti-Mesías, él usara el mismo simbolismo bajo una interpretación satánica. El ex-terrorista musulmán Walid Shoebat presenta un caso contundente en su tésis, en donde explica que la marca de la bestia es la cinta que usan los musulmanes en sus frentes o en su brazo derecho el cual dice: «No hay otro dios sino Alá, y Mahoma es su mensajero».

El tefilín encierra lecciones espirituales que son profundas y abundantes. La mente de los creyentes debe de estar protegidas y sujetas bajo la palabra de Di-s. Además las manos del hombre tienen que estar sujetas a la palabra de

Di-s para que realicen su voluntad en su reino. En el Berit Chadasha filactería se traduce con frecuencia como «guardar» o «proteger», el cual es consistente con el propósito del tefilín. Como nos dice el rabí Shaul:

> Por causa de lo cual también padezco estas cosas, pero no me avergüenzo, porque yo sé a quién he creído y he sido persuadido de que es poderoso para guardar mi depósito hasta aquel día.
>
> 2 Timoteo 1:12

Todos los creyentes tenemos que andar bajo el yugo del tefilín.

4

Apologética

El Nombre de Di-s

La palabra «Señ-r» usada varias veces en el Tanakh se conoce como el «tetragrámaton», la palabra de cuatro letras que define a Di-s, יהוה (YHVH). YHVH significa el «auto existente». Es aplicado en las santas escrituras como «El Di-s del Pacto». Este es el nombre más común de Di-s, ocurriendo 6,828 veces en las escrituras. También significa el «eterno», el cual no es afectado ni por el tiempo, ni por el espacio. La Biblia Septuaginta, la cual es la traducción al griego del Tanakh, sustituyó YHVH con κύριος «Kurios», es decir, por la palabra «Señor». Esto confundió a los lectores Judíos porque en hebreo ellos tenían otra palabra para señor אָדוֹן (Adón). La Biblia Vulgata, la traducción en latín, usa la palabra «Dominus».

> Respondió 'Elohim a Moisés: Yo Soy El Que Soy. Y añadió: Así dirás a los hijos de Israel: Yo Soy me ha enviado a vosotros.
>
> Shemot 3:14

La traducción «Yo Soy El Que Soy» es una interpretación de la palabra YHVH. La traducción literal del hebreo de YHVH es «Yo Soy, Yo Soy». Algunos intérpretes afirman que el primer «Yo Soy» es masculino y el último «Yo Soy» es femenino: La naturaleza divina de Di-s[1].

Este nombre es solamente mencionado una vez al año durante el tiempo de Yeshúa. Ese día es conocido como Yom Kippur, el día judío de la expiación. Si este nombre se pronunciaba en otra ocasión, se consideraba blasfemia y la persona que hiciera esto podía ser condenada a ser apedreada.

Los judíos ortodoxos usan la palabra «HaShem», que significa «El Nombre», cada vez que ellos encuentran el nombre sagrado durante la lectura de las escrituras. Un escriba cada vez que se encuentra en la situación que tiene que escribir el nombre, tiene que ir a través del proceso de mikvá, se tiene que cambiar sus vestiduras y tiene que orar. Esta costumbre proviene del siguiente verso:

> Y el que blasfeme el nombre de YHVH será muerto irremisiblemente. Sin falta toda la asamblea lo apedreará. Sea extranjero o nativo, el blasfemar el Nombre será muerto.
>
> Vayikra 24:16

Por este verso, el mismo escriba cuando retira un rollo de la Torá, tiene que enterrarla, no quemarla. El no hacerlo de esta manera es destruir el nombre de Di-s. Es por esta reverencia que el nombre de Di-s se escribe sin la o.

Jehová y Yahvé– El Problema

El propósito de este libro no es atacar ciertas doctrinas, sino el exponer las enseñanzas a través del entendimiento hebraico. Cuando un judío lee la Torá en la sinagoga y se encuentra con el nombre, יהוה (YHVH), él lo reemplaza diciendo «Adonai» el cual significa «mi Señ-r», otro nombre de Di-s. Cuando las vocales fueron añadidas a los escritos de la Torá entre el 890 – 940 E.C. por un grupo de académicos judíos, las vocales para אֲדֹנָי (Adonai) fueron añadidas al

---

[1] Para mayor información en la naturaleza femenina de Di-s ver (Godlestein, 2008).

nombre יהוה (YHVH). Si tomamos el nombre de Di-s (יהוה) y añadimos las vocales de Adonai (Ǫ̇Ǫ) obtenemos: יְהֹוָה. En los textos bíblicos el nombre de Di-s con vocales aparece como: יְהֹוָה o יְהוָֹה. Esto fue hecho con el propósito de recordarle al lector de decir «Adonai» en vez de tomar el nombre en vano. Esta redacción del texto bíblico es mejor conocido como el «Texto Masorético».

Durante la edad media, los primeros traductores de lengua anglosajona, que no tenían conocimiento de las tradiciones judías, asumieron que la palabra YHVH con las vocales para «Adonai» formaba el nombre de Di-s. Cuando ellos tradujeron este nombre, ellos escribieron el nombre en la manera que sonaba. Si se toma el nombre יְהֹוָה y lo escribimos usando nuestro alfabeto tenemos: I(ĕ)H(o)V(a)H. Dado que la señal de la primera vocal es (Ǫ̇), este símbolo se interpreta como una e. Así fue como crearon un nombre que no es hebreo, ni judío: «Iehovah».

En 1278 un monje español llamado Raymundo Martínez usó este proceso para determinar el nombre correcto de Dios, llegando a la conclusión que debía ser «Yohoua». En ediciones posteriores de sus trabajos, la «Y» se convirtió en «J». La primera vez que el nombre «Jehovah» fue impreso en inglés fue en la traducción de Tyndale en el 1530.

La letra «J» no existe en el hebreo y no existe en la Biblia en sus textos originales, ya sea en hebreo, arameo, o griego, la palabra «Jehová». La letra «J» fue creada en los 1500's y no se popularizó hasta los 1600's. Cualquier nombre que empieza con J, incluyendo Jesús, tienen alrededor de cuatrocientos años.

En el siglo 19 la vocalización de «Jehová» fue finalmente rechazada por la mayoría de los eruditos bíblicos. Fue reconocido que el nombre de Jehová no representaba la pronunciación original basado en el trabajo literario de Epifanio. En su transcripción griega, él escribió Ιαβε (Yave) como un término que algunos círculos gnósticos usaban. William Gesenius propuso el uso de יַהְוֶה en el siglo 19. Si se toma el nombre יַהְוֶה y lo escribimos usando nuestro alfabeto tenemos: Y(a)H(pausa)V(e)H. Como tal el nombre «Yahvé» no existe en los textos sagrados, ya sea en hebreo, arameo o griego. También es importante notar que en ningún texto de origen hebraico aparece el nombre de Di-s usando el sistema de vocales de Gesenius. La primera vez que se usó el nombre de «Yahvé» en manuscritos teológicos fue en el 1881 y fue escrito como «Jahveh» por J. M. Rodwell en su obra «Isaiah».

Yeshúa – El «Yo Soy»

Durante el tiempo de Yeshúa, los líderes religiosos nunca hubiesen aceptado a un ser humano que se auto-proclamara «yo soy». Yeshúa causó un escándalo en su tiempo cuando él dijo: «Antes que Abraham llegara a ser, Yo Soy» (Juan 8:58). Los líderes religiosos entendieron el mensaje de Yeshúa. En el próximo verso (Juan 8:59) dice: «Tomaron entonces piedras para arrojárselas».

Yeshúa usó este término diecisiete veces más en el evangelio de Juan para enfatizar su deidad:
- «Yo Soy, el que habla contigo» (Juan 4:26)
- «Yo Soy el pan de la vida» (Juan 6:35, 48)
- «Yo Soy el pan que descendió del cielo» (Juan 6:41, 51)
- «Yo Soy la luz del mundo» (Juan 8:12, 9:5)
- «Antes que Abraham llegara a ser, yo soy» (Juan 8:58)
- «Yo Soy la puerta de las ovejas» (Juan 10:7)
- «Yo Soy el buen pastor» (Juan 10:11, 14)
- «Yo Soy la resurrección y la vida» (Juan 11:25)
- «Yo Soy el Camino, y la Verdad, y la Vida» (Juan 14:6)
- «Yo Soy la vid verdadera» (Juan 15:1, 5)
- «Yo Soy» (Juan 18:5, 8)

Cuando Di-s habla de sí mismo, el usa la palabra אֶהְיֶה (Ehyeh – «Yo Soy»). Cuando se habla de Di-s, se usa YHVH. Él es el Di-s de la redención el cual cumple sus promesas. Cuando Yeshúa uso el «Yo Soy», estaba demostrando su relación con Di-s y estaba enfatizando que él representaba el cumplimiento de las promesas de salvación del Señ-r las cuales fueron profetizadas en el Tanakh.

La Torá y la gracia

Se enseña en algunos círculos de creyentes en el mesías que la diferencia fundamental entre el Di-s del Tanakh y el Di-s del Berit Chadasha es que el creyente del Tanakh por sus obras consigue su salvación. En cambio, el creyente del Berit Chadasha lo recibe como un regalo. Además, esta enseñanza incluye que las buenas obras conducen al hombre a un tipo de salvación indefinida en el Tanakh y la gracia a través de la fe conduce al hombre a una salvación concretamente definida en el Berit Chadasha.

Ciertamente si se leen los trabajos y comentarios de los sabios de la antigüedad, los rabinos, encontraras que ellos enfatizaban hacer los mandatos de Di-s. Esto generalmente se llama legalismo. Pero, la razón de la obsesión y motivación de obedecer los mandatos no es por ganar la salvación o favor con Di-s, sino que es por obediencia dado al abrumador agradecimiento que los judíos sienten de ser miembros del pueblo escogido por Di-s.

Cuando nos convertimos y estudiamos a los grandes eruditos bíblicos está claro que la gracia es esencial para nuestra relación con Di-s. Pero, también se enseña que la gracia es una dispensación de la era del nuevo pacto y que no estaba disponible antes del nacimiento del Mesías. El concepto del nuevo pacto se define como el acto en que el creyente recibe rectitud sin mérito y sin ganárselo. Esta enseñanza que constantemente se enseña en algunas partes del cuerpo del Mesías, es que tenemos que escoger entre la Ley o la Gracia. Esto produce la idea que nosotros podemos escoger en tratar de seguir la Ley lo suficientemente bien para «ganar» nuestra rectitud y nuestro lugar en el cielo, o que podemos escoger y depositar nuestra fe en Yeshúa y por la gracia tener nuestro lugar en el cielo 100% garantizado.

Di-s nunca proveyó esta opción ante nosotros en la Biblia. Este concepto no existe en ningún lugar en las sagradas escrituras. Esto es una doctrina hecha por los hombres basada en asegurar presentar a los Judíos en un tono sumamente negativo y mantenerlos apartados de la iglesia gentil. Claro está, la única forma de conseguir una relación con Di-s es gracia sin merito, un regalo gratuito provisto por Di-s, dado a través de Yeshúa. Pero el hecho es que los israelitas no creen que ellos puedan por obras conseguir ser meritorios del cielo. Ellos reconocen que la rectitud tiene que ser un regalo de

Di-s, por gracia, porque los mejores seres humanos no son tan diferentes de los peores. Como expresa el profeta Yeshaiyahu:

Todos nosotros somos como cosa impura, y nuestra justicia como trapo de menstruo.

Yeshaiyahu 64:6

Un ejemplo claro es la historia del diluvio universal y Noach. De acuerdo a las enseñanzas rabínicas, Di-s no solamente se arrepintió de hacer a todos los hombres, con excepción de Noach. Él se arrepintió de crear a la humanidad incluyendo a Noach. Para los rabinos es un misterio lo que causo que Di-s salvara a Noach. ¿Cuál es la respuesta de los rabinos? Gracia – favor sin mérito. Noach no gano su rectitud y nosotros tampoco la ganamos; él y nosotros la recibimos a través de su gracia. Esto se ha expresado a través de las escrituras desde Bereshit hasta Apocalipsis.

La teología cristiana de escoger Torá o Gracia no tiene ninguna forma de albedrío. Adonai nunca nos dio esta opción. La Torá nunca fue un documento de salvación. En el Tanakh y en el Berit Chadasha, la Gracia siempre ha sido la única forma de conseguir la relación correcta con Adonai. Esta enseñanza que fue originada por Marción fue hecha con el único propósito de hacer que los cristianos creyeran que el Tanakh está obsoleto, que la Torá fue abolida y que los judíos fueron descartados por Di-s a favor de la iglesia gentil. ¡Nada de esto es cierto!

Volviendo al ejemplo de Noach, Noach, trabajando con Di-s, fue el salvador de este mundo. Noach salvo al mundo a través de su obediencia. Los hombres y los animales fueron permitidos continuar su existencia. Si esto no hubiese ocurrido, el mundo hubiese dejado de existir. Noach proveyó los medios de salvación al él construir el arca.

Las escrituras también muestran a Yeshúa como «el Salvador de este mundo». Está escrito en Juan 4:42: «Y decían a la mujer: Ya no creemos por tu dicho, porque nosotros mismos hemos oído, y sabemos que éste es verdaderamente el Salvador del mundo». Yeshúa le hablo a la mujer en la fuente. Ella se fue al pueblo y les hablo a otras personas. Esta escritura fue la respuesta después que ellos lograron establecer un enlace con Yeshúa. Yeshúa también proveyó los medios de salvación a través de su muerte y su resurrección.

Esto fuerza la pregunta. Antes del diluvio, el hombre que escogió no ser salvo pereció. Nosotros no vivimos en la era del diluvio, pero tenemos que hacer una selección. ¿Cuál va a ser tu selección? ¿Vida o muerte? Como está escrito en Devarim 30:19: «Hoy mismo llamo por testigos contra vosotros a los cielos y a la tierra, de que os he puesto delante la vida y la muerte, la bendición y la maldición. Escoge pues la vida, para que vivas tú y tu descendencia».

Esto es un llamado a la reflexión en la palabra de Di-s y en el evangelio de nuestro Mesías. Siguiendo la exhortación dada a Yehoshua:

> Solamente esfuérzate y sé muy valiente, cuidando de hacer conforme a toda la Ley (Torá) que mi siervo Moisés te ordenó. No te apartes de ella ni a diestra ni a siniestra, para que tengas buen éxito dondequiera que vayas.
>
> Yehoshua 1:7

El libro de Vayikra es un libro que nos dice como el Di-s más santo escoge llamarnos a hacernos santo, como individuos y como una comunidad. El estar separados del resto del mundo y servir totalmente a este Di-s que es el más santo es el honor y privilegio que cualquier persona pueda conocer. Este llamado a santidad envuelve mucho más que la adoración correcta. Esto envuelve la dedicación completa del individuo, de su familia y de sus posesiones a aquel que pagó el precio de la muerte a través de Su sangre, el cual te hizo santo al redimirte de tus pecados – tu mesías Yeshúa, el santo de Yisrael.

Aceptando este llamado, nos llama a avanzar su reino. Di-s siempre ha levantado hombres y a mujeres para llevar a cabo su llamado. Cuando los hijos de Yisrael estaban sufriendo de hambre y necesidad, Adonai levantó a Yosef. Cuando los hijos de Yisrael necesitaban ser rescatados, Adonai levantó a Moshe. Cuando los espías dieron un mal reporte, Adonai levantó a Yehoshua y a Kalev. Cuando los enemigos atacaron a los hijos de Yisrael durante el tiempo de la reconquista de la tierra, Di-s intervino. Adonai levantó a doce hombres y a una mujer que fueron llamados jueces. Cuando el sacerdocio se corrompió, Adonai levantó a Shmuel. Cuando la monarquía se rebeló contra Di-s, Adonai ungió a David. Cuando la nación practicó idolatría, Adonai levantó a Eliyahu. Cuando Haman trato de exterminar a los Judíos, Ester aceptó el llamado de Di-s. Ezra aceptó el llamado de traer a Yisrael de vuelta del cautiverio. Di-s llamó a Nechemyah a que reconstruyera las paredes derrumbadas de Yerushalayim. Adonai siempre ha tenido hombres y mujeres que han aceptado su llamado de cumplir la misión de Di-s. Esto revela la consistencia de la misión de Di-s de establecer su reino en la tierra.

En conclusión como Yeshúa dijo en Mateo 5:17-20: «No penséis que vine a abrogar la Ley o a los Profetas; no vine a abrogar, sino a dar cumplimiento. Porque de cierto os digo: Hasta que pase el cielo y la tierra, de ningún modo pasará una yod, ni un trazo de letra de la ley, hasta que todo se haya cumplido. Por tanto, cualquiera que suprima uno solo de estos mandamientos más pequeños, y así enseñe a los hombres, muy pequeño será llamado en el reino de los cielos, pero cualquiera que los practique y enseñe, éste será llamado grande en el reino de los cielos. Porque os digo que si vuestra justicia no fuera mayor que la de los escribas y fariseos, de ningún modo entraréis en el reino de los cielos». Es a través de Él y de Él solamente que el cumplimiento de todas las bendiciones en toda la Biblia son cumplidas. Por lo tanto, como la tradición antigua que cuando un grupo de Judíos termina de leer un libro de la Torá, decimos: «חֲזַק חֲזַק וְנִתְחַזֵּק (CHAZAK CHAZAK VENITCHAZEIK) ¡Se fuerte! ¡Se fuerte! Y que seamos fortalecidos!».

El Rabí Shaul y La Torá

En el judaísmo mesiánico la enseñanza de la Torá es central en su fundación teológica. Algunos creyentes gentiles piensan que el Rabí Shaul profesaba que la Torá estaba anulada aunque él era un maestro de la Torá. Esto nos lleva a preguntarnos: ¿Cuál era el concepto que tenía el rabí Shaul de la Torá? ¿El rabí Shaul era un hipócrita? o ¿acaso él era un

buen maestro de la palabra de Di-s? Si la contestación es que
él era un buen maestro, debemos de seguir al pie de la letra
las enseñanzas que él nos legó. De lo contrario, esto lo hace
a él un maestro falso y debemos de rechazar sus enseñanzas.

La contestación a esta pregunta determina tu doctrina,
como en el caso de Marción. Marción fue declarado un hereje
y fue excomulgado en el año 144 de la era común. Su doctrina
se fundamentó en su interpretación de Yeshaiyahu 45:7 el cual
lee: «Yo formo la luz y creo las tinieblas; Hago la paz y creo
la adversidad. Yo, YHVH, hago todas estas cosas». Por este
verso Marción razono que un árbol que produce un mal fruto,
no puede producir un buen fruto. El concluyo que tenía que
existir dos dioses: El dios creador del «Viejo Testamento» el
cual era inconsistente y cruel, y el dios supremo del «Nuevo
Testamento» el cual es un dios del amor perfecto revelado
a través de Yeshúa. Marción rechazo el Tanakh y solamente
acepto la epístola de Lucas editada bajo su criterio, en la cual
removió todas las referencias al Tanakh. En su versión de
la epístola no existían profecías o eventos históricos judíos.
Para Marción el único verdadero apóstol era el Rabí Shaul.
El creía que los otros apóstoles corrompieron las enseñanzas
de Yeshúa con legalismo. El tomo diez de las epístolas del
Rabí Shaul, excluyendo 1 y 2 de Timoteo y Tito, y removió
cualquier verso que mostraba «corrupciones judías». Así fue
como él manejó el asunto del Rabí Shaul y la Torá.

Algunas personas, como Marción, ignoran o se olvidan
de algunas porciones bíblicas. Esto crea una visión
desbalanceada de la palabra de Di-s. ¿Cómo es posible que el
«Viejo Testamento» sea «viejo» cuando el 76% de las profecías
en ella no se han cumplido todavía? ¿Cómo el «Nuevo
Testamento» puede ser «nuevo» cuando el 96% de sus citas
provienen del Tanakh?

Ahora bien vamos a ver los versos en que el Rabí Shaul
se refería a la Torá.

Versículo	En contra	Versículo	A favor
Efesios 2:15	La Torá (Ley) ha sido abolida.	Romanos 3:31	La Torá (Ley) ha sido establecida.
Romanos 7:6	Hemos sido liberados de la Torá (Ley).	Romanos 7:12	La Torá (Ley) es «santa, y el mandamiento, santo, justo y bueno». (Esta declaración se encuentra en el mismo capítulo)
Romanos 10:4	El mesías es el fin de la Torá (Ley).	Romanos 8:3-4	Los requisitos de la Torá (Ley) son cumplidos en nosotros.
Romanos 3:28	La Torá (Ley) no es necesaria.	1 Corintios 7:19 Efesios 6:2-3 1 Timoteo 1:8-10	La Torá (Ley) es necesaria.
2 Corintios 3:7	La Torá (Ley) es el «ministerio de la muerte».	Romanos 3:2	La Torá (Ley) es parte de los oráculos de Di-s encomendado a los judíos.

Todas estas referencias provienen de los escritos de un solo hombre, el rabí Shaul. Estos escritos fueron hechos para un grupo de gente: Los gentiles. Estos versos no se pueden usar contra los judíos dado que estarías leyendo la correspondencia de otra persona. Basado en esta información, ¿que podríamos afirmar del rabí Shaul? o ¿acaso él era un buen maestro de la palabra de Di-s?

Si el rabí Shaul era un buen maestro, entonces ¿Cómo podemos explicar las diferencias interpretativas de la Torá? Si tu contestación es «él era de todo para diferentes personas para así ganar a algunos», (parafraseando 1 Corintios 9:22), acabas de declarar al rabí Shaul como un hipócrita. Si el rabí Shaul es un hipócrita, entonces él es un maestro falso y si él es un maestro falso ¿Por qué debemos de seguirle?

Si tienes la convicción que el rabí Shaul es un buen maestro, debes de saber cómo explicar las diferencias. Esto es especialmente importante si se piensa ministrar a un judío acerca de su mesías. Si a este judío se le ministra sutilmente usando los escritos del rabí Shaul a favor de la Torá en conjunto con el Tanakh, este judío considerara los puntos que se le presenta. Ahora el problema es cuando este judío lee o su rabí le presenta los puntos del rabí Shaul en contra de la Torá, el clasificara al rabí Shaul como un maestro falso y rechazara a las escrituras y a su mesías. Lo mismo también pasaría si un creyente cristiano de la iglesia trata de ministrarle a un judío usando todos los argumentos en contra de la Torá y en este proceso trata de gentilizar al judío. Ahora si a este judío se le presenta ambas partes de la moneda y se le da una explicación sólida en las diferencias, él o ella van a estar receptivo al mensaje y a la posibilidad de aceptar a Yeshúa como el mesías de Yisrael.

Esto nos lleva de nuevo a la pregunta: ¿El rabí Shaul era un hipócrita? o ¿acaso él era un buen maestro de la palabra de Di-s? La contestación es que él era un buen maestro. Esto nos lleva a preguntar ¿Cómo podemos manejar esta contradicción? La contestación es la siguiente: Cuando las santas escrituras son escudriñadas en contexto, encontraras que el rabí Shaul está lidiando con dos tipos de creyentes. Primero, veamos a la columna en contra. Esto envolvía creyentes gentiles y su salvación. Las palabras «salvación» o «justificación» significan «estar en rectitud ante la presencia de Di-s». El rabí Shaul estaba enseñando en contra de la creencia que la salvación se conseguía a través de «Yeshúa más _____ (llenas el blanco con la porción de la Torá que quieras usar)». En todas las escrituras del rabí Shaul «justificación» es usada sobre ochenta veces aplicándolo a los gentiles. La palabra «arrepentimiento» nunca fue usada para los gentiles. Esta palabra solamente se aplicaba a los judíos. La razón es que la palabra arrepentimiento significa «regresar a sus orígenes», el cual implica תְּשׁוּבָה (Teshuvá – «regreso» o «arrepentimiento»). Si esta palabra se aplicara a los gentiles, esto implicaría que ellos tenían que volver a la idolatría.

El segundo tipo de creyente envuelve la columna a favor de la Torá. En estos escritos él estaba lidiando con los creyentes gentiles y su conducta después de la salvación. Esto se llama «santificación», lo cual significa «vivir una vida recta delante de Di-s». Es en este punto que el arrepentimiento se aplica a los gentiles. Cuando Yeshúa les dijo a sus discípulos que hicieran talmidim de las naciones, él se refería a los judíos y a los gentiles. Un talmid es una persona que sigue las enseñanzas de su rabí, en nuestro caso, Yeshúa. Yeshúa era un judío que seguía la Torá al pie de la letra. Este concepto era lo que el rabí Shaul le estaba inculcando a estos creyentes. En las palabras del Rabí Shaul en 1 Timoteo 1:8: «Nosotros no obstante sabemos que la Ley es buena, si uno la usa legítimamente». Cabe señalar las palabras del Dr. Justo L. González:

> ...conviene señalar que, aunque Pablo se consideraba a sí mismo como apóstol a los gentiles, a pesar de ello casi siempre al llegar a una ciudad se dirigía primero a la sinagoga, y a través de ella a la comunidad judía. Esto ha de servir para subrayar lo que hemos dicho anteriormente: Que Pablo no se creía portador de una nueva religión, sino del cumplimiento de las promesas hechas a Israel. Su mensaje no era que Israel había quedado desamparado, sino que ahora, en virtud de la resurrección de Jesús, dos cosas habían sucedido: La nueva era del Mesías había comenzado, y la entrada al pueblo de Israel había quedado franca para los gentiles (González, 1994).

En cuanto a las creencias del Rabí Shaul, contrario a la creencia popular que el estableció una nueva religión, el siguió siendo un judío de judío: «Circuncidado al octavo día; del linaje de Israel, de la tribu de Benjamín, hebreo de hebreos; en cuanto a la Ley, fariseo» (Filipenses 3:5). El hecho que el Rabí Shaul fue un judío hasta el día de su muerte es evidente en Hechos 23:3, Romanos 9:3, y Gálatas 2:15. Los siguientes hechos después de que el reconociera a Yeshúa como su Mesías sustenta que el Rabí Shaul siguió siendo judío.

Versículo(s)	Hechos del Rabí Shaul después de convertirse en creyente de Yeshúa
Hechos 23:6	El Rabí Shaul fue un Perushim toda su vida.
Hechos 13:14, 17:1-2, 18:4	El Rabí Shaul guardaba el Shabbat.
Hechos 13:44-45	El Rabí Shaul congregaba a los gentiles durante el Shabbat.
Hechos 20:16	El Rabí Shaul continúo celebrando las festividades judías.
Hechos 18:18, 21:20-26	El Rabí Shaul llevo a cabo dos veces el voto nazareno (Devarim 6:1-21).
Hechos 21:26	El Rabí Shaul ofrecía sacrificio de animales. Los sacrificios para el voto nazareno (Devarim 6:10-11, 14-21) incluían el sacrificio por el pecado (Vayikra 4:1-35).
Hechos 21:24	El Rabí Shaul guardo la Torá, incluyendo las costumbres y tradiciones judías.
Hechos 24:14	El Rabí Shaul tenía la convicción que era importante seguir a Yeshúa de acuerdo a la Torá y a los profetas.
Romanos 7:12, 16; 1 Timoteo 1:8	El Rabí Shaul proclama que la Torá es buena y santa.
1 Corintios 9:9	El Rabí Shaul uso la Torá para sustanciar una práctica de las congregaciones gentiles.
Hechos 16:3; Gálatas 2:3	El Rabí Shaul, le hizo a Timoteo, que su madre era judía, la circuncisión. Pero, se negó hacerle la circuncisión a Tito, el cual era gentil.
Hechos 15:19-21	El Rabí Shaul y los otros apóstoles aceptaron que Di-s no requería que los gentiles guardaran la Torá en su totalidad, pero le pidieron a los gentiles en la iglesia que respetaran las costumbres, tradiciones y la observación de la Torá por los creyentes judíos.

La Palabra «Nuevo»

La palabra «nuevo» ha sido usada por muchos creyentes al referirse a los electos como el nuevo Israel. Esta enseñanza se convirtió en doctrina a través de Agustín en el quinto siglo de la era común. La pregunta que esto nos lleva a preguntar es ¿acaso esta doctrina es verdadera?

Consideremos estos versos bíblicos:

He aquí que vienen días, dice YHVH, en los cuales haré nuevo (חָדָשׁ o chadash) pacto con la casa de Israel y con la casa de Judá.

Yirmeyahu 31:31

Os daré un corazón nuevo (חָדָשׁ o chadash), y pondré un espíritu nuevo (חָדָשׁ o chadash) dentro de vosotros, y quitaré de vuestra carne el corazón de piedra, y os daré un corazón de carne. Y pondré dentro de vosotros mi Espíritu, y haré que andéis en mis estatutos, y guardéis mis preceptos, y los pongáis por obra.

Yechezkiel 36:26-27

Si buscamos en el Berit Chadasha encontramos:

Porque reprochándolos, dice: He aquí, vienen días, dice el Señor, En que estableceré para la casa de Israel y para la casa de Judá un nuevo pacto.

Hebreos 8:8

Hebreos 8:8 es una referencia a Yirmeyahu 31:31. El lector se preguntara ¿porque esto es importante? Estos versos son usados por muchas iglesias como evidencia de la teología del súper pacto. Esta doctrina es basada en la idea que Di-s hizo su pacto con los elegidos. La base de esta teología es la siguiente:

1. El nuevo pacto fue hecho con los electos de Israel.
2. Los electos son la iglesia.
3. Al ser así la iglesia son los electos.
4. Por lo tanto la iglesia es Israel.

La conclusión es que el nuevo pacto es hecho con la iglesia. Para entender como esta doctrina conocida como la «Nueva Israel» tenemos que conocer la historia. Justino Mártir fue la primera persona que creía que la iglesia era el verdadero Israel, pero no en el sentido de remplazo que se aplica en la actualidad. Esto es evidente es su obra «Diálogo con Trypho el Judío», alrededor del año 160 de la era común. Él es la primera persona que aplico el título de «Judío

Espiritual» a los elegidos. La persona que fue responsable en el sentido de remplazo en la doctrina fue un hombre llamado Orígenes de Alejandría (185-254 de la era común). Orígenes es considerado uno de los primeros teólogos de la iglesia y el padre del sistema alegórico de la interpretación de las santas escrituras. Al hacer esto, el rechazo el contexto literal de las sagradas escrituras y lo remplazo con alegorías. Estas alegorías no podían ser debatidas o desafiadas con las escrituras dado que se decía que el texto no tenía el significado original. Fue a través de estas enseñanza que los judíos fueron desheredados de la bendición del pacto y la bendición le fue dada a la iglesia. Por sus enseñanzas, Orígenes fue declarado un hereje y fue ex-comunicado en los años 331 y 332 de la era común. Los padres de la iglesia rechazaron las enseñanzas y doctrinas de Orígenes, pero mantuvieron su sistema alegórico.

Orígenes tuvo un discípulo llamado Pánfilo de Cesárea. Pánfilo tuvo un pupilo y amigo llamado Eusebio de Cesárea. Durante su vida Eusebio escribió 6 volúmenes defendiendo las enseñanzas de Orígenes. Él quería convencer a la iglesia que las enseñanzas de Orígenes estaban correctas. El también defendió a Orígenes en su libro Historia Eclesiástica, un libro de historia de la iglesia cubriendo desde el fin del libro de Hechos hasta el Concilio de Nicea.

Eusebio tuvo un amigo de infancia el cual vio su desarrollo y su devoción a las enseñanzas de Orígenes. Este amigo era el que llego a ser el futuro emperador de Roma, Constantino. La herejía de Orígenes se convirtió en doctrina a través del concilio de Nicea impulsada por Eusebio, Constantino y todos los que les siguieron.

El problema es que al hacer el pacto solamente con los elegidos, esta acción elimina a los judíos del pacto y se le da exclusivamente a la iglesia. Di-s no nos dice que hizo un pacto con los elegidos solamente, pero con toda la casa de Yisrael y Yehuda. La doctrina del súper pacto es validada o invalidada con la interpretación de la palabra «nuevo». La pregunta primordial es ¿la palabra «nuevo» está siendo usada en el sentido de «nuevo en tiempo» o «nuevo en carácter y calidad»? La teología del súper pacto está basada en la contestación de esta simple pregunta. Si es «nuevo en tiempo» esto hace el pacto como un nuevo pacto. En cambio «nuevo en carácter o calidad» hace el pacto como un pacto renovado. Lo cual significa que el pacto original todavía existe, pero con partes cambiadas en su carácter o calidad. Para que el súper pacto sea validado, la palabra «nuevo» debe significar «nuevo en tiempo».

En Yirmeyahu 31:31, La palabra hebrea para nuevo es: חָדָשׁ (chadash). El uso primario de esta palabra es para cortar un diamante o pulirlo. El significado de nuevo parece provenir de una espada que ha sido afilada. Esta palabra significa renovar, restaurar, re-empezar, o reparar. Este significado de renovar o restaurar se puede encontrar en 1 de Shmuel 11:14; Iyov 10:17; y en Techillim 51:12. En Yeshaiyahu 61:4 la palabra «chadash» es aplicado a la reparación o restauración de edificios o ciudades. En Techillim 103:5 es aplicado a la renovación del individuo.

Yechezkiel 36:26-27 también usa la palabra «chadash» por la palabra «nuevo». En este versículo dice que se generara un corazón «nuevo» por el proceso de cambiar de un corazón de piedra a un corazón de carne. Esto no es un corazón completamente nuevo. En realidad es un corazón transformado de tener un carácter y cualidad de «piedra» a uno en que su carácter y cualidad es de «carne».

Veamos el Berit Chadashah. En Lucas 22:20 tenemos el siguiente texto: «E igualmente la copa, después de haber cenado, diciendo: Esta copa es el Nuevo Pacto en mi sangre, la cual es derramada por vosotros».

Este es el mismo verso documentado en Mateo 26:28 y Marcos 14:24. La única diferencia es que estos dos versículos no tienen una palabra: «nuevo».

En el idioma griego existen 3 palabras para «nuevo»: καινός (kainos), νέος (neos), y προσφάτως (prosfatos). De acuerdo al Diccionario Expositivo de Palabras del Nuevo Testamento por W. E. Vine la palabra kainos es definida como «...no nuevo en el tiempo, sino nuevo en cuanto a forma o cualidad». La palabra griega neos es traducida como «nuevo con respecto al tiempo, lo que es reciente». La palabra griega prosfatos es definida como «recién muerto, recibió el sentido general de nuevo, aplicado a flores, aceite, desgracia, etc». Esta palabra es utilizada en Hebreos 10:20. La traducción de la palabra hebrea chadash es kainos, que significa renovado. La mayoría de los textos en el Berith HaDasha usan la palabra kainos por nuevo. Pocas partes de las escrituras usan la palabra neos. Adjunto les presento un ejemplo de cada uno:

De modo que si alguno es nueva [kainos] criatura en el Mesías, las cosas viejas pasaron; he aquí, son hechas nuevas [kainos].

2 Corintios 5:17

Y revestido del nuevo [neos], el cual conforme a la imagen del que lo creó, se va renovando [kainos] hasta un conocimiento pleno.

Colosenses 3:10

Otras secciones claves del Nuevo Testamento que la palabra kainos es usada por nuevo son las siguientes: Mandamiento nuevo (Juan 13:34), nueva creación (Gálatas 6:15, 2 de Corintios 5:17), nuevo hombre (Efesios 2:15, 4:24), nombre nuevo (Apocalipsis 2:17, 3:12), cántico nuevo (Apocalipsis 5:9), cielo nuevo y tierra nueva (Apocalipsis 21:1) y la nueva Yerushalaim (Apocalipsis 3:12, 21:2).

Al revisitar el texto de Lucas 22:20 en griego, arameo y español nos dicen:

Griego:

καὶ τὸ ποτήριον ὡσαύτως μετὰ τὸ δειπνῆσαι, λέγων· τοῦτο τὸ ποτήριον ἡ καινὴ[2] διαθήκη ἐν τῷ αἵματί μου τὸ ὑπὲρ ὑμῶν ἐκχυννόμενον.

Arameo:

וַהְכְוָת אָף עַל כָּסָא מֶן בָּתַר דַּאחְשַׁמֶן אֲמַר הָנָא כָּסָא דְּיַתְקָא חְדַתָּא[3] בְּדֶמְי דַּחְלָפַיכּוּן מֶתאַשֶד׃

---

[2] Nuevo, articulo singular femenino de καινός – kainos
[3] חְדַתָא («Chadata» – «Nuevo») palabra en arameo equivalente a חָדָשׁ (Chadash) en hebreo

Español:

E igualmente la copa, después de haber cenado, diciendo: Esta copa es el nuevo[4] pacto en mi sangre, la cual es derramada por vosotros.

Al Yeshúa decir que estaba dando un pacto de carácter renovado, Él estaba renovando el pacto que Adonai hizo con toda la casa de Yisrael durante el primer Pesach en Egipto. Al estudiarse la fuente de los textos en griego del Berit Chadashah destruye la teología del súper pacto.

Los Ungidos

Yeshúa le exhortó a sus seguidores en Mateo 7:1 «No juzguéis, para que no seáis juzgados». La pregunta es ¿este verso aplica cuando los creyentes cuestionan a los predicadores y evangelistas «ungidos» por Dios? Muchos piensan que sí y otros cuando se les cuestiona su líder religioso proclaman que su líder es el ungido de Di-s.

En adición de evangelistas y predicadores, estos sentimientos se encuentran en líderes autoritarios en varias denominaciones, ya sean llamados pastores, apóstoles o profetas. Los líderes de estos grupos comúnmente se les atribuye que tienen un regalo único y el llamado les da el derecho a una autoridad incondicional. El cuestionar sus palabras o acciones es como cuestionar a Di-s mismo. En adición, estos líderes marginan a feligreses los cuales buscan el conocimiento de Di-s. El estudio y el intelectualismo se presentan como enemigos de la espiritualidad. Todo se basa en sentimientos y nada fundado en un conocimiento teológico solido ignorando versículos bíblicos como Hoshea 6:6: «Porque fidelidad quiero, y no sacrificios, conocimiento de Di-s, y no holocaustos».

Los defensores de esta autoridad asumen que las sagradas escrituras le dan soporte a este punto de vista. El texto bíblico clave es el Techillim 105:15: «No toquéis a mis ungidos, ni hagáis mal a mis profetas». Una examinación exhaustiva de

---

[4] Kainos – renovado

este pasaje nos revela que no tiene nada que ver con desafiar las enseñanzas de líderes religiosos.

Reitero que el propósito de este libro no es atacar alguna creencia. El propósito es educar e instruir a la luz de las santas escrituras. Las sagradas escrituras se pueden leer como un espejo el cual el lector toma las escrituras y las encaja al mundo en que viven. Esto se considera como el acercamiento centrado al lector, también conocido como el acercamiento de espejo. El otro extremo es leer las escrituras como una ventana al mundo detrás del texto. Esto se considera un acercamiento centrado al autor. El punto intermedio es ver las escrituras como un lienzo. Este lienzo se basa de acuerdo al mundo y el contexto expuesto en las escrituras. Bajo este acercamiento el entendimiento de las escrituras son tomadas por las palabras en el texto. Si el lector asume el acercamiento de espejo, es una muestra de arrogancia por parte del lector en el cual interponen sus puntos de vista. Usando el acercamiento de lienzo, venimos en carácter de humildad para aprender y crecer como creyentes. Esta actitud nos equipa con las herramientas para avanzar el reino del mesías en la tierra.

Primero tenemos que notar que en el Tanakh la frase «el ungido del señor» es usada para referirse al rey de Yisrael.

Heme aquí: testificad en contra mí en presencia de YHVH y en presencia de su ungido...

1 Shmuel 12:3

Y él les dijo: YHVH es testigo contra vosotros, y su ungido es testigo en este día, de que no habéis hallado nada en mi mano.

1 Shmuel 12:5

Y dijo a sus hombres: ¡Líbreme YHVH de hacer tal cosa contra mi señor, el ungido de YHVH, que yo extienda mi mano contra él, pues es el ungido de YHVH!

1 Shmuel 24:6

...¡No extenderé mi mano contra mi señor, porque es el ungido de YHVH!

1 Shmuel 24:10

Pero David respondió a Abisai: No lo mates, porque ¿quién extenderá su mano contra el ungido de YHVH y quedará impune?

1 Shmuel 26:9

Pero ¡líbreme YHVH de extender mi mano contra el ungido de YHVH!...

1 Shmuel 26:11

No está bien lo que has hecho, ¡Vive YHVH, que sois dignos de muerte pues no habéis guardado a vuestro señor, al ungido de YHVH!...

1 Shmuel 26:16

... no he querido extender mi mano contra el ungido de YHVH.

1 Shmuel 26:23

Y le dijo David: ¿Cómo no tuviste temor de extender tu mano para matar al ungido de YHVH?

2 Shmuel 1:14

...Yo maté al ungido de YHVH.

2 Shmuel 1:16

...¿No ha de ser muerto Simei, por cuanto maldijo al ungido de YHVH?

2 Shmuel 19:21

Ahora sé que YHVH salva a su ungido...

Techillim 20:6

El aliento de nuestra vida, el ungido de YHVH, fue atrapado en sus fosos,...

Eichah 4:20

Pero otros versos específicamente aplican el título del «ungido» al que descenderá de la línea de David.

Se alzaran los reyes de la tierra, y con príncipes consultaran unidos, contra YHVH y contra su Ungido, diciendo.

Techillim 2:2

Él ha engrandecido las victorias de su rey, y ha mostrado misericordia a su ungido: A David y a su descendencia para siempre.

Techillim 18:50

Pero ahora Tú desechas a tu siervo y menosprecias a tu ungido, Te has airado con él.

Techillim 89:38

Acuérdate de que tus enemigos han afrentado, oh YHVH, Han afrentado las pisadas de tu ungido.

Techillim 89:51

Como se puede observar en estos textos no se menciona, ni hace alusión a los profetas ni al miembro del clero. En donde únicamente se puede aplicar al miembro del clero es en Techillim 105. El contexto de los ungidos en Techillim 105 es a los hijos de Yisrael. Esto nos lleva a estudiar el texto en hebreo:

אַל־תִּגְּעוּ בִמְשִׁיחָי וְלִנְבִיאַי אַל־תָּרֵעוּ

El verso empieza con אַל (Al) que significa «no». Seguido por תִּגְּעוּ (Tigeu) la raíz de esta palabra es נָגַע (Naga) que significa «tocar» y la palabra modificada significa «no toquen» en plural. La próxima palabra es בִמְשִׁיחָי (Vemeshiachy) la raíz de esta palabra es מָשִׁיחַ (Mashiach) que significa «Mesías» y la palabra modificada significa «mis Mesías». En griego seria «mis Cristos». La traducción correcta para este verso seria: «No tocaras a mis mesías, Ni hagáis mal a mis profetas». La pregunta que el lector se hará es ¿porque habla del mesías en plural? Esto es porque en la tradición judía se habla de dos redentores, cada uno llamado Mashiach. Ambos mesías están envueltos en redimir al pueblo judío. Estos Mesías son llamados Mashiach Ben David (Mesías el descendiente de David) y Mashiach Ben Yosef (Mesías descendiente de Yosef) respectivamente. Cuando los judíos piensan en el Mesías, generalmente piensan en Mashiach Ben David, el Mesías reinante descendiente de la tribu de Yehudah el cual reinara durante la era Mesiánica. La tradición rabínica enseña que Mashiach Ben Yosef es el antecesor de Mashiach Ben David. Este Mesías es el Mesías sufriente el cual la tradición Judía profetiza que él está destinado a morir. Pero cuando llegue el Mesías reinante, los judíos reaccionaran en las palabras expresadas por el profeta Zekharyah:

> Y derramaré sobre la casa de David y sobre los habitantes de Jerusalem espíritu de gracia y de oración, y me mirarán a mí, a quien traspasaron, y llorarán como se llora por causa del unigénito, y se afligirán por Él como quien se aflige por el primogénito.
>
> Zekharyah 12:10

Lo que es claro es que el Mesías que habla las santas escrituras no es otro que el Mesías de Yisrael, Yeshúa HaMashiach.

Pero si interpretáramos que el texto aplicara a ciertos líderes del cuerpo del mesías, el contexto de «tocar» o «hacer daño» se refiere a daño físico. Este salmo es completamente irrelevante en el contexto de cuestionar o debatir con cualquiera de los «ungidos» de Di-s. Esto contradice el hecho de los profetas que eran enviados por Di-s a confrontar a los ungidos, los reyes de Yisrael. Por ejemplo cuando Shmuel confronto al Rey Shaul (1 Shmuel 15) o cuando Natan confronto al Rey David (2 Shmuel 12).

Más aún si aceptamos ésta mala interpretación, ¿cómo podemos discernir quienes son los «ungidos» de Di-s? ¿Por qué sus seguidores lo dicen? Si esto fuera cierto debemos de aceptar los reclamos de los seguidores de José Luis de Jesús Miranda, Mita, y virtualmente todos los líderes de diferentes sectas y cultos. ¿Por qué repetidamente hacen milagros? El anti-mesías y el falso profeta van a poseer estos credenciales también (Apocalipsis 13:13-15; 2 Tesalonicenses 2:9). La característica principal de los representantes de Di-s en la tierra es que poseen pureza de carácter y doctrina.

Porque es necesario que el obispo sea irreprensible, como administrador de Dios: No arrogante, ni iracundo, ni adicto al vino, ni pendenciero, ni codicioso de ganancias deshonestas; sino hospitalario, amante de lo bueno, prudente, justo, santo, dueño de sí mismo; que retenga firmemente la palabra fiel, conforme a la doctrina, a fin de que sea capaz de exhortar con sana enseñanza y de refutar a los que contradicen.

Tito 1:7-9

Mostrándote en todo como ejemplo de buenas obras, con pureza de doctrina, con dignidad, con palabra sana e irreprochable, para que el adversario sea avergonzado y no tenga nada malo que decir acerca de nosotros.

Tito 2:7-8

sino que renunciamos a subterfugios deshonestos, no andando con astucia ni adulterando la Palabra de Dios, sino encomendándonos a toda conciencia humana en presencia de Dios, para manifestación de la verdad.

2 Corintios 4:2

Si alguno enseña otra cosa, y no se amolda a las sanas palabras, las de Jesus el Mesías, nuestro Señor, y a la doctrina que es conforme a la piedad, está envanecido, nada entiende, sino que tiene manía por discusiones y contiendas de palabras, de las cuales surgen envidia, riña, difamaciones y malas sospechas.

1 Timoteo 6:3-4

Si una persona proclama ser un siervo de Di-s y no pasa la prueba bíblica de carácter y doctrina, no existe fundamento para aceptarlo y tampoco existe razón para sentir miedo que al criticar sus enseñanzas también estemos rechazando a Di-s.

Finalmente, si un individuo en el cuerpo del mesías se considera ungido, entonces todos los miembros del cuerpo del mesías se deben de considerar también ungidos. Porque este es el único sentido en que se usa (aparte de Yeshúa) en el Berit Chadasha: «Pero vosotros tenéis la unción del Santo, y todos vosotros lo sabéis» (1 Juan 2:20).

Por lo tanto ningún creyente puede justificar el reclamo de un status especial como los «ungidos intocables» de Di-s sobre los otros creyentes. La autoridad bíblica y la responsabilidad de su enseñanza van juntas.

> Pero el que no la conoció, e hizo cosas dignas de azotes, será azotado poco, porque a todo aquel a quien fue dado mucho, mucho le será demandado, y al que encomendaron mucho, más le pedirán.
>
> Lucas 12:48

Mientras más alto sea el puesto, más grande será la demanda de este individuo ante Di-s y su pueblo. Los líderes religiosos deben de tener cuidado extremo de no extraviar a cualquier creyente, porque su llamado conlleva un juicio estricto.

> Hermanos míos, no aspiréis muchos a ser maestros, sabiendo que recibiremos un juicio más riguroso.
>
> Jacobo 3:1

Los líderes deben de estar agradecidos cuando un creyente sincero corrige cualquier doctrina errónea que el líder puede estar predicando a sus feligreses. Si el criticismo no tiene fundamento, ellos deben de responder de la siguiente manera: Corregir a la oposición errónea de doctrina con mansedumbre (2 Timoteo 2:25)

Existe otro lado de la moneda: El criticar puede llevar al pecado, a la rebelión y divisiones innecesarias. Los creyentes debemos respetar a nuestros líderes que Di-s nos ha dado. La tarea de los líderes es ayudar a la congregación en su entendimiento doctrinal y crecimiento espiritual.

> Y Él mismo dio: unos, apóstoles; otros, profetas; otros, evangelistas; y otros, pastores y maestros; a fin de

adiestrar a los santos para la obra del ministerio, para la edificación del cuerpo del Mesías, hasta que todos lleguemos a la unidad de la fe y del conocimiento pleno del Hijo de Dios, a un varón perfecto, a la medida de la estatura de la plenitud del Mesías. Para que ya no seamos niños fluctuantes, zarandeados por las olas, llevados a la deriva por todo viento de doctrina, por la astucia de hombres que emplean con maestría las artimañas del error; sino que hablando la verdad en amor, crezcamos en todas las cosas en Aquel que es la cabeza: El Mesías, de Él viene que el cuerpo entero, bien ajustado y unido por todos los ligamentos, según la función propia de cada uno de sus miembros, crezca y se edifique en el amor.

Efesios 4:11-16

A la misma vez los creyentes tenemos la responsabilidad de vigilar por los maestros falsos que se levantaran dentro del cuerpo del Mesías.

Tened cuidado de vosotros mismo y de todo el rebaño en que el Espíritu Santo os puso por obispos para apacentar la iglesia de Dios, que adquirió mediante su propia sangre.

Hechos 20:28

Pero hubo también falsos profetas entre el pueblo, como también habrá entre vosotros falsos maestros, que introducirán encubiertamente herejías destructoras, negando aun al Soberano que los adquirió, trayendo sobre sí mismos destrucción repentina.

2 Pedro 2:1

Esto hace imperativo que nosotros probemos y examinemos las escrituras, así como los miembros de la sinagoga Judía de Berea estudiaron a Rabí Shaul y escudriñaron las sagradas escrituras:

Enseguida, los hermanos enviaron de noche hacia Berea a Pablo y a Silas, quienes una vez llegados, fueron a la sinagoga de los judíos. Pero éstos eran de mente más abierta que los que estaban en Tesalónica, y recibieron la palabra con buena disposición, examinando cada día las Escrituras para ver si estas cosas eran así.

Hechos 17:10-11

La Biblia es una herramienta útil no solamente para predicar, enseñar y dar aliento, pero también es útil para corregir y reprender.

Predica la Palabra, insiste a tiempo y fuera de tiempo, redarguye, exhorta y reprende, con toda paciencia y doctrina.

2 Timoteo 4:2

De hecho, todos los creyentes somos responsables de proclamar la voluntad de Di-s y precaver a otros de doctrinas falsas.

Asimismo es contigo, hijo de hombre. Yo te he puesto por atalaya a la casa de Israel, y oirás la palabra de mi boca, y los amonestarás de mi parte. Cuando Yo diga al impío: ¡Impío, de cierto morirás! Y tú no le adviertes de ello para que se aparte de su mal camino, el impío morirá por su pecado, pero Yo demandaré su sangre de tu mano. Pero si tú adviertes al impío para que se aparte de su mal camino, y él no se aparta de su mal camino, él morirá por su pecado, pero tú habrás librado tu alma.

Yechezkiel 33:7-9

Vino a mí palabra de YHVH, diciendo: Hijo de hombre, profetiza contra los pastores de Israel. Profetiza, y di a esos pastores: Así dice Adonay YHVH: ¡Ay de los pastores de Israel que se apacientan a sí mismos! ¿No deben acaso los pastores apacentar ovejas?

Coméis la grosura y os vestís de la lana, degolláis lo cebado, pero no apacentáis el rebaño. No fortalecisteis las débiles, ni curasteis la enferma, ni vendasteis la perniquebrada, ni volvisteis al redil la descarriada, ni buscasteis la perdida, sino que os enseñoreasteis de ellas con dureza y rigor. Y ellas andan errantes por falta de pastor, son presa de todas las fieras del campo y se han dispersado. Mis ovejas andan errantes por todos los montes, y sobre todo collado alto. Mis ovejas fueron esparcidas por toda la faz de la tierra, y no hubo quien las buscara ni quien preguntara por ellas.

Oíd por tanto, oh pastores, palabra de YHVH: ¡Vivo Yo! Dice Adonay YHVH, que por cuanto mi rebaño se ha convertido en objeto de presa, y mis ovejas han venido a ser pasto de todas las fieras del campo por falta de pastor, pues mis pastores no han cuidado de mi rebaño, sino que los pastores se apacientan a sí mismos, y no apacientan a mis ovejas, oíd, oh pastores, la palabra de YHVH. Así dice Adonay YHVH: He aquí Yo estoy contra los pastores, y demandaré mis ovejas de su mano, y haré que dejen de apacentarlas, y los pastores no se apacentarán más a sí mismos, pues Yo libraré mis ovejas de sus bocas para que no les sean más por comida.

Yechezkiel 34:1-10

Un versículo que comúnmente se usa para justificar el obedecer y seguir las órdenes de los líderes religiosos se encuentra en Mateo 23:2-3: «Diciendo: En cátedra de Moisés se sientan los escribas y fariseos. Haced y guardad todo cuanto os digan; pero no hagáis conforme a sus obras, porque dicen y no hacen».

Primeramente este verso es contradicho en Mateo 16:12: «Entonces entendieron que nos les decía que se guardaran de la levadura de los panes, sino de la enseñanza de los fariseos y saduceos».

Para poder interpretar eficazmente los versos del capítulo 23 es de mucha utilidad analizar la versión hebrea de Mateo:

לֵאמֹר עַל כִּסֵּא מֹשֶׁה יֵשְׁבוּ הַפִּירוּשִׁים וְהַחֲכָמִים :

וְעַתָּה כֹּל אֲשֶׁר יֹאמַר לָכֶם שִׁמְרוּ וַעֲשׂוּ וּבְתַקָּנוֹתֵיהֶם וּמַעֲשֵׂיהֶם אַל

תֵּעֲשׂוּ שֶׁהֵם אוֹמְרִים וְהֵם אֵינָם עוֹשִׂים :

La traducción de estos versos sería: «Los perushim y los escribas se sientan en la silla de Moshe. Por lo tanto hágan como él dice, pero no de acuerdo a sus regulaciones (תַּקָּנוֹת) o sus acciones (מַעֲשִׂים) porque ellos hablan, pero ellos no hacen».

En los textos hebreos, Yeshúa le está diciendo a sus talmidim que no obedezcan a los perushim, ni a los escribas. Si ellos proclaman autoridad por la silla de Moshe entonces actúen diligentemente como Moshe les dijo. En la versión en Hebreo de Mateo Yeshúa le dice a sus talmidim que obedezca «todo lo que él (Moshe) dice». En cambio en la versión griega de Mateo Yeshúa le dice a sus talmidim que obedezcan «todo lo que ellos (líderes religiosos) les digan».

El mensaje es completamente diferente en ambas versiones. En el hebreo «él dice» es יֹאמַר (yomar) mientras que «ellos dicen» es יֹאמְרוּ (yomru). La única diferencia reside en una sola letra וּ (vav) al final de la palabra. En cambio en los textos griegos «él dice» es ειπη (eipei) y «ellos dicen» es ειπωσιν (eiposin). La versión griega de Mateo, la cual es usada en la mayor parte de las traducciones e interpretaciones del Berit Chadasha, existe una contradicción teológica en el capítulo 16 y 23. En la versión hebrea esta contradicción no existe. Esto claramente nos lleva a la posibilidad de que el texto original de Mateo era en hebreo y el traductor griego se equivocó al traducir el texto al añadirle una וּ (vav) extra al final de la palabra.

En conclusión nuestro deber como creyentes es estar vigilantes ante las falsas doctrinas, señalarlas a otros creyentes y de cuestionar a los líderes religiosos. Estas acciones tienen fundamento sólido en las sagradas escrituras.

Yeshúa, La Torá viviente

Durante el ministerio de Yeshúa en la tierra sus talmidim lo llamaban Yeshúa HaMashiach (Jesús el Mesías o Jesucristo). Pero también lo llamaban Yeshúa HaTorá (Jesús la Torá viviente). Algunas personas dicen que Yeshúa no se puede encontrar en toda la Torá. Si él está en la Torá, como afirmaban sus talmidim, él es tu rey y amo soberano. La pregunta que cabe señalar es cuando buscas en la Torá, ¿puedes encontrar a Yeshúa en todas las porciones de la Torá?

Nosotros aceptamos cinco libros como la Torá. En «Bereshit» (Génesis), este rey es el creador del pacto. En «Shemot» (Éxodo), él es el protector del pacto. En «Vayikra» (Levítico), él es el creador de los limites. En «Bamidbar» (Números), él es el protector y proveedor. Finalmente, en «Devarim» (Deuteronomio), él es tu rabí y tu rey.

Existen cincuenta y cuatro Parashás en la Torá. Los doce Parashás de Bereshit se pueden comparar con la fundación de las doce tribus de Yisrael y los doce talmidim. Los once Parashás de Shemot y Devarim se pueden comparar con las once especies, que de acuerdo al Talmud, son los elementos del incienso. Esto representa las oraciones de los creyentes. Los diez Parashás de Vayikra y Bamidbar se pueden comparar con los diez mandamientos y sus dos divisiones.

Parashás de la Torá

Vamos a estudiar cuidadosamente cada uno de los cincuenta y cuatro Parashás en la Torá y vamos a ver al rey que servimos.

Bereshit – בְּרֵאשִׁית

En la Parashá 1 de Bereshit, בְּרֵאשִׁית (Bereshit – «En el principio»), él es presentado como el creador דְּבַר (dabar – «palabra» o «verbo») o מִימְרָא («memra» que significa «palabra» o «verbo» en arameo); él también es presentado como el espíritu de Di-s que se pasea sobre las aguas.

En la Parashá 2 de Bereshit, נֹחַ (Noach – «Noé»), él es presentado como el arca de Noach: Un lugar de seguridad y salvación. Es prometido que el descenderá de la línea de Shem. Él es visto como el número siete, que es representado con los siete colores del arco iris y se puede ver en la ofrenda de Noach.

En la Parashá 3 de Bereshit, לֶךְ-לְךָ (Lech Lecha – «Salte»), él es el Rey-Sacerdote siguiendo el orden de Malkitzedek, y su nombre es «Paz».

En la Parashá 4 de Bereshit, וַיֵּרָא (Vayeira – «El apareció»), Él es el sacrificio de Yitzchak: La décima prueba de Avraham.

Él es visto en el milagro de su nacimiento, el cual es de la descendencia de Yitzchak. Él es visto como el carnero de Avraham y el ángel que paro y bendijo a Avraham.

En la Parashá 5 de Bereshit, חַיֵּי שָׂרָה (Chayei Sarah – «La vida de Sarah»), él es el novio y tú eres su novia simbolizado en el matrimonio de Yitzchak y Rivkah.

En la Parashá 6 de Bereshit, תּוֹלְדֹת (Toldot – «Historia»), él es soberano en escogerte a ti.

En la Parashá 7 de Bereshit, וַיֵּצֵא (Vayeitzei – «Él se fue»), él es visto como la escalera de Yaakov. Él es visto como el agua viviente en el pozo de Avraham.

En la Parashá 8 de Bereshit, וַיִּשְׁלַח (Vayishlach – «Él envió»), él es el ángel que lucho con Yaakov y lo bendijo. De nuevo, es visto en un lugar llamado «Peniel», que significa «la cara de Di-s».

En la Parashá 9 de Bereshit, וַיֵּשֶׁב (Vayeishev – «El continuo viviendo»), él es un tipo de Yosef: Favorecido por su padre, rechazado por sus hermanos, vendido por el precio de un esclavo. Él es visto como el bastón de Yehudah. Por su rectitud, Tamar, es añadida a su genealogía.

En la Parashá 10 de Bereshit, מִקֵּץ (Mikeitz – «En el final»), él es visto a través de Menasheh y Efrayim. Él es el salvador de su familia. Como Yehudah, él es tu portavoz y amparo.

En la Parashá 11 de Bereshit, וַיִּגַּשׁ (Vayigash – «Él se acercó»), él es descrito bajo los nombres de «Memra», «Salvador», «Emanuel», y el «Hijo de Hombre».

En la Parashá 12 de Bereshit, וַיְחִי (Vayechi – «Él vivió»), él es שִׁילוֹ (Shiloh – «tu pacificador), y él es el león de Yehudah.

Shemot – שְׁמוֹת

En la Parashá 1 de Shemot, שְׁמוֹת (Shemot – «Nombres»), él es el uno en la zarza ardiente: El «YO SOY». Él es el ángel que se encontró con Moshe en su camino de regreso a Egipto.

En la Parashá 2 de Shemot, וָאֵרָא (Vaera – «Yo aparecí»), tu eres el escogido aparte por él; él es tu salvador. Él es visto como la tercera copa de redención en el Pesach y como el bastón de Moshe. Él es el que lucha por ti.

En la Parashá 3 de Shemot, בֹּא (Bo – «Vete»), él es visto como la oveja de pesach, tu cubierta de sangre, tu afikomen, tus yerbas amargas y tu circuncisión.

En la Parashá 4 de Shemot, בְּשַׁלַּח (Beshalach – «Después que él dejo ir»), él es visto como el Mikvá, como la roca que produce el agua viviente, como el Mana: La roca viviente, y como el bastón de Moshe.

En la Parashá 5 de Shemot, יִתְרוֹ (Yitro – «Jetro»), él es la Torá viviente, y es visto como el novio.

En la Parashá 6 de Shemot, מִשְׁפָּטִים (Mishpatim – «Sentencias»), él es el justo, dispensador y demostrador de la Torá, y es el ángel que dirigirá a Yisrael a la tierra prometida.

En la Parashá 7 de Shemot, תְּרוּמָה (Terumá – «Contribución»), él es visto en el plano como el Arca del Pacto, el lugar santo, los atrios del templo, la madera de acacia, la cortina en el lugar santo, el pan de la proposición, la menorá, el altar de incienso, el altar del sacrificio, y la fundación de plata.

En la Parashá 8 de Shemot, תְּצַוֶּה (Tetzvaé – «Eres de ordenar»), él es visto en la fuente de bronce. Él es el Sumo Sacerdote designado por Di-s, el pectoral de Aharón, la cubierta de la cabeza con la inscripción «Consagrado al Señor».

En la Parashá 9 de Shemot, כִּי תִשָּׂה (Ki Tisá – «Cuando tomes»), él es tu reconciliador. Él es los trece atributos de Di-s.

En la Parashá 10 de Shemot, וַיַּקְהֵל (Vayakhel – «El ensamblo»), él es visto en el número siete y él es la presencia visible de Di-s conocido como שְׁכִינָה (Shekhiná – «lugar de adoración»).

En la parashá 11 de Shemot, פְּקוּדֵי (Pekudei – «Cuenta»), él te trae a su hogar como su novia.

Vayikra – וַיִּקְרָא

En la Parashá 1 de Vayikra, וַיִּקְרָא (Vayikra – «El llamo»), él es el holocausto, la ofrenda de cereal, el sacrificio de comunión, el sacrificio expiatorio y el sacrificio por tus pecados.

En la Parashá 2 de Vayikra, צַו (Tzav – «Dar la orden»), él es tu unción. Él es visto como el aceite y la sangre del sacrificio.

En la Parashá 3 de Vayikra, שְׁמִינִי (Shemini – «Octavo»), él es tu santidad y el número ocho, que nos habla de nuevos comienzos.

En la Parashá 4 de Vayikra, תַזְרִיעַ (Tazria – «Ella concibe»), él es el uno que te hace limpio y te da vida.

En la Parashá 5 de Vayikra, מְצוֹרָע (Metzora – «Persona afligida con Tzaraat»), él es visto como tu sanador.

En la Parashá 6 de Vayikra, אַחֲרֵי (Achaeri – «Después»), Él es tu expiación de sangre, tu dador de la vida, y tu Yom Kippur. Él es visto como el paño rojo convirtiéndose en un paño blanco.

En la Parashá 7 de Vayikra, קְדוֹשִׁים (Kedoshim – «Pueblo santo»), él es tu santidad; el guía tu camino.

En la Parashá 8 de Vayikra, אֱמוֹר (Emor – «Hablar»), él es visto como la festividad de Pesach, en el Shabbat, en el pan sin levadura, en los primeros frutos, en Shavuot, en Rosh HaShaná, y en Sukkot.

En la Parashá 9 de Vayikra, בְּהַר (Behar – «En el monte»), él es tu jubileo, tu libertad, tu proveedor, y tu גּוֹאֵל (GoEl – «redentor»).

En la Parashá 10 de Vayikra, בְּחֻקֹּתַי (Bechukotai – «Por mis regulaciones»), él es visto como tu juez, tu salvador, tu creador del pacto, y tu mikvá. Él es visto como al espada de Di-s. Él también es visto como el trozo del pan viviente y el bastón que te disciplina.

Bamidbar – בְּמִדְבַּר

En la Parashá 1 de Bamidbar, בְּמִדְבַּר (Bamidbar – «En el desierto»), él es visto en la orden de los Levitas. Él es el líder de los ejércitos de Di-s y es el primogénito de Di-s.

En la Parashá 2 de Bamidbar, נָשֹׂא (Nasso – «Tomar»), él es tu sumo sacerdote que te bendice y la ofrenda por tus culpas.

En la Parashá 3 de Bamidbar, בְּהַעֲלֹתְךָ (Behaalotcha – «Cuando tu fundaste»), él es un profeta como Moshe, y el único que te santifica.

En la Parashá 4 de Bamidbar, שְׁלַח (Shelach – «enviado en tu nombre»), él te da tu nuevo nombre y él es tus Tzitzit.

En la Parashá 5 de Bamidbar, קֹרַח (Korach – «Coré»), él es visto como el bastón de Aharón y el intercede por ti entre la vida y la muerte.

En la Parashá 6 de Bamidbar, חֻקַּת (Chukat – «Decreto»), él es visto como tu vaca rojiza, tu serpiente de bronce y es visto de nuevo como la roca que le da agua viviente a tus hijos.

En la Parashá 7 de Bamidbar, בָּלָק (Balak – «Balac»), él es visto como el ángel que entrega la palabra y como la estrella de Yaakov.

En la Parashá 8 de Bamidbar, פִּינְחָס (Pinchas – «Pinchas»), él es el uno que te da el pacto de la paz.

En la Parashá 9 de Bamidbar, מַטּוֹת (Mattot – «Tribus»), él es el que establece los límites en tu vida.

En la Parashá 10 de Bamidbar, מַסְעֵי (Masei – «Escenarios»), él es tu lugar de refugio y seguridad. Él es tu protección cuando tú involuntariamente pecas.

Devarim – דְּבָרִים

En la Parashá 1 de Devarim, דְּבָרִים (Devarim – «Palabras»), él es tu maestro de la Torá.

En la Parashá 2 de Devarim, וָאֶתְחַנַּן (Vaeschanan – «El intercedió»), él es visto en el Shema, visto en los diez mandamientos, y es visto como tu lugar de refugio y seguridad. Él te da las recompensas del pacto.

En la Parashá 3 de Devarim, עֵקֶב (Ekev – «Porque»), él es el que te da el poder para el éxito. Él es visto en los cuatro títulos o nombres de Di-s (Devarim 7:21). Él es el alimento de tu alma.

En la Parashá 4 de Devarim, רְאֵה (Reé – «Ver»), él es tu Torá, en donde nada se añade o se quita. Él es donde Di-s puso su nombre. Él te enseña tu responsabilidad. Él es tu Rabí Kosher.

En la Parashá 5 de Devarim, שׁוֹפְטִים (Shoftim – «Jueces»), él es tu rey, y tu sacerdote de guerra; él es el sacrificio perfecto, y tu refugio de seguridad. Él es visto de nuevo como tu juez.

En la Parashá 6 de Devarim, כִּי תֵצֵא (Ki Tetze – «Cuando sales afuera»), él te da la herencia del primogénito. Él es visto de nuevo como tu maestro de la Torá.

En la Parashá 7 de Devarim, כִּי תָבוֹא (Ki Tavo – «Cuando regresas»), él es el uno que te da las bendiciones. Él es el primer fruto de Di-s. Él te da su nombre. El tomo las maldiciones y pago el precio por ti.

En la Parashá 8 de Devarim, נִצָּבִים (Nitzavim – «Pararse»), él es el uno que ratifica el pacto renovado.

En la Parashá 9 de Devarim, וַיֵּלֶךְ (Vayelech – «Él fue»), él es tu alentador.

En la Parashá 10 de Devarim, הַאֲזִינוּ (Haazinu – «Escuchar»), él es tu testigo y es tu Shabbat de regreso.

En la Parashá 11 de Devarim, וְזֹאת הַבְּרָכָה (Vezot Haberachá – «Estas son las bendiciones»), él es tu Alfa y Omega, el principio y el fin. Él es visto en el Simchat Torá.

Ahora la pregunta es ¿quién es este rey que tu sirves el cual se encuentra desde el principio hasta el fin de la Torá y es el corazón de la Torá?

Él es Yeshúa HaMashiach; el hijo del Di-s viviente.

Es interesante notar que en todas las sinagogas cuando la Torá es removida del arca la siguiente oración es recitada:

וַיְהִי בִּנְסֹעַ הָאָרֹן וַיֹּאמֶר מֹשֶׁה, קוּמָה יְהֹוָה, וְיָפֻצוּ אֹיְבֶיךָ, וְיָנֻסוּ
מְשַׂנְאֶיךָ מִפָּנֶיךָ: כִּי מִצִּיּוֹן תֵּצֵא תוֹרָה, וּדְבַר יְהֹוָה מִירוּשָׁלָיִם: בָּרוּךְ
שֶׁנָּתַן תּוֹרָה לְעַמּוֹ יִשְׂרָאֵל בִּקְדֻשָּׁתוֹ:

La traducción de esta oración es: Cuando el arca viajaba, Moshe exclamaba: Levántate, oh Señ-r, y sean dispersados tus enemigos, y huyan de ti todos los que te aborrecen. Porque de Tzión saldrá la Torá, y la palabra del Señ-r de Yerushalaim. Bendito sea Él, que entregó la Torá a su pueblo Yisrael en Su santidad.

Cuando el arca es abierta los judíos declaran, al igual que cuando Moshe hacia cuando viajaba con el arca, que la palabra de Di-s es invencible. Al aceptar estas palabras, los judíos pueden leer la Torá a plena conciencia. Con esta declaración los judíos aceptan que la voluntad de Di-s es que el mensaje de la Torá debe de ser esparcido por todo el mundo. Al Di-s bendecirnos con la Torá, nosotros asumimos la responsabilidad de llevar sus mandamientos y de difundir su mensaje.

La primera parte de esta oración proviene de Bamidbar 10:35.

> Y sucedía que al partir el Arca, Moisés exclamaba: ¡Levántate, oh YHVH! ¡Sean dispersados tus enemigos, y huyan de ti los que te aborrecen!

La segunda parte de la oración proviene de Yeshaiahu 2:3.

> E irán muchos pueblos y dirán: ¡Venid, subamos al Monte de YHVH, A la Casa del Dios de Jacob! Él nos enseñará sus caminos, Y nosotros marcharemos por sus sendas, Porque de Sión saldrá la Ley y de Jerusalem la palabra de YHVH.

La primera parte de la oración representaba la filosofía de Moshe, la cual era el estatus ideal para toda la nación de Yisrael. Esta filosofía era basada en el progreso del Arca. El nunca hablo del viaje de las personas sino del progreso del Arca. Esto es porque la misión del judío es llevar la Torá y sus enseñanzas al mundo entero. Moshe reconoció que Yisrael siempre tendría enemigos y aborrecedores que lucharían por prevenir la sumisión al Di-s de Yisrael sobre toda la tierra. Moshe empezaba el viaje pidiéndole a Di-s que les proveyera protección a sus siervos, los hijos de Yisrael, de los enemigos que querían anular la realización de su voluntad divina.

La segunda parte de la oración es una alusión al gobierno del Mashiach. El monte Tzion estará sobre todas las montañas del mundo. Esto es porque del monte Tzion va a ser la fuente de la doctrina de salvación (יְשׁוּעַ – Yeshúa) la cual fluirá hacia todo el mundo. De Yerushalaim saldrá la palabra o el verbo de Di-s. Esta palabra no es otro que el Mashiach. Es interesante notar que esta oración es recitada por todas las ramas de judaísmo.

Cerraré esta sección con las palabras del salmista David:

> ¡Cuán bienaventurado es el varón que no anduvo en consejo de malos, Ni se detuvo en camino de pecadores, Ni en silla de escarnecedores se ha sentado! Sino que en la Ley (Torá) de YHVH está su delicia, y en su Ley (Torá) medita de día y de noche.
>
> Techillim 1:1-2

5

Conclusión

En conclusión, y basado en el trasfondo histórico y teológico presentado en este libro, definiré lo que es un judío mesiánico. Un judío mesiánico es una persona que nació o se convirtió al judaísmo el cual es un creyente de Yeshúa y que este reconoce sus raíces, cultura, y tradiciones judías. Los judíos mesiánicos tenemos la necesidad de un vehículo que nos permita expresar nuestra realidad: Nosotros somos 100% judíos y 100% mesiánicos. Nuestro desafío es validar quienes somos. Los judíos mesiánicos tenemos que confirmar quienes somos a través de nuestro mesías, en obediencia al Di-s de Yisrael y a través del poder del Ruach HaKodesh. Esta herramienta que Di-s está usando para validarnos es el judaísmo mesiánico. El Rabí Dr. Dan Cohn-Sherbok, Rabí académico ordenado por el movimiento reformado, en la conclusión de su libro reconoce que el judaísmo mesiánico es una rama legítima del judaísmo. El autor admite que el judaísmo mesiánico observa y se rige más por la Torá que el judaísmo conservador o reformado.

Es mi convicción que la reaparición de una comunidad judía mesiánica en nuestros tiempos es una fase crucial en el proceso de la salvación de Yisrael y de la bendición de las naciones. Ahora es posible que un creyente de Yeshúa que es judío se pueda identificar como judío y como mesiánico y que pueda practicar su fe. El desafío es la unión de los judíos mesiánicos y los cristianos gentiles los cuales estamos unidos en la creencia del mesías judío. Estos dos grupos unidos deben de trabajar en reparar el daño causado por la división de los judíos y de la iglesia en dos pueblos de Di-s. Debemos de llevar el mensaje a los judíos que entiendan que para que se logre el establecimiento del reino de Di-s en la tierra solamente se podrá lograr cuando ellos entiendan y confíen en que Yeshúa es el mesías judío. La iglesia gentil debe de entender que para conseguir su meta solamente se lograra cuando se elimine cualquier forma de anti-semitismo y cuando esta logre una relación íntima con el pueblo judío.

Al lector le he proveído las herramientas para poder diferenciar entre una práctica judía legitima y una que no lo es. Muchas personas con poco conocimiento del judaísmo empiezan a añadir elementos judíos en el culto sin tener una plena conciencia de cuál es el uso bíblico y de la tradición judía de esta práctica. Esto no honra la tradición judía, la tradición cristiana y mucho menos la enseñanza bíblica.

Le agradezco al lector por tomar parte de su valioso tiempo para leer este libro. Este libro no presenta en su totalidad el judaísmo mesiánico, pero meramente es una introducción a lo que nosotros somos. Espero que este libro le despierte la inquietud de indagar más en el tema. Es mi deseo y anhelo que la comunidad judía mesiánica y la comunidad cristiana gentil puedan subsistir en hermandad en la creencia de Yeshúa.

Caja de Herramientas

- Afikomen: Literalmente significa «lo que viene después» o «postre».
- Aharón: Nombre hebreo de Aarón.
- Asquenazí: Judíos que se establecieron en el área de Europa central y oriental.
- Avraham: Nombre hebreo de Abraham.
- Bamidbar: En el desierto. Cuarto libro de la Torá. Este libro recibe el nombre de Números en la Septuaginta.
- Bereshit: En el principio. Primer libro de la Torá. Este libro recibe el nombre de Génesis en la Septuaginta.
- Berit Chadasha: Nombre hebreo del nuevo testamento.
- Cantor: Cantante profesional que acompaña al rabí en los servicios religiosos. Contrario a la creencia popular, la habilidad más importante para un cantor es la habilidad de orar y no de cantar.
- Devarim: Palabras o exhortaciones. Quinto libro de la Torá. Este libro recibe el nombre de Deuteronomio en la Septuaginta.
- Eliyahu: Nombre Hebreo de Elías.
- Ezra: Nombre Hebreo de Esdras.
- Haman: Nombre Hebreo de Amán.
- Judaísmo Conservador: Judaísmo que mantiene gran parte de las tradiciones del judaísmo ortodoxo, pero no son tan estrictos.
- Judaísmo Ortodoxo: Judaísmo tradicional que proviene de los fariseos (פְּרוּשִׁים – perushim).

- Judaísmo Reformado: Rama más liberal del judaísmo.
- Ketuvim: Escritos. Conjunto de libros los cuales no fueron escritos por profetas.
- Mikvé: Bautismo
- Kalev: Nombre Hebreo de Caleb.
- Cefas: Piedra. Nombre Hebreo de Pedro.
- Moshe: Nombre Hebreo de Moisés.
- Mikvá (Mikvé): Bautismo por inmersión. Los dos términos significan colección, generalmente colección de agua.
- Mitzvá: Mandamiento.
- Nechemyah: Nombre Hebreo de Nehemías.
- Noach: Nombre hebreo de Noé.
- Pesach: Pascua. En hebreo significa «pasar».
- Parashá: Porción de la Torá la cual los judíos estudian en una semana.
- Rabí (Rabino): Mi maestro, raíz de la palabra hebrea «rav» (grande). Literalmente significa el grande o el enaltecido. Un rabí es un maestro experto en la ley judía y en la interpretación de la Torá. También se aplica este término al jefe espiritual de una sinagoga.
- Rabí Shaul: Nombre y título Hebreo del Apóstol Pablo.
- Seder: Cena de pascua. En hebreo significa «orden» o «colocación».
- Sefardí: Los descendientes de los judíos de la Península Ibérica (España y Portugal). También se les conoce como los judíos del mediterráneo, dado que después la expulsión de los judíos sefaraditas de la Península Ibérica muchos terminaron en Grecia, Turquía, y en moroco. Muchos de estos judíos terminaron emigrando a Latino América.
- Semikhá: Poner las manos. Generalmente se usa para la ordenación de un rabí.
- Shemot: Los nombres. Segundo libro de la Torá. Este libro recibe el nombre de Exodo en la Septuaginta.
- Shlomo: Nombre hebreo de Salomón.
- Shmuel: Nombre Hebreo de Samuel.
- Simchat: Palabra hebrea para regocijo.

- Simchat Torá: Literalmente significa «regocijándose en la Torá». Esta celebración marca la culminación del ciclo anual de leer la Torá. Cada semana en la sinagoga se lee una porción de la Torá. En este día se lee la última porción del libro de Devarim e inmediatamente se lee el primer capítulo de Bereshit. Esto es para enfatizar que la Torá es un círculo que nunca se acaba.

- Sinagoga: Asamblea de adoración y de estudio de los judíos. Es la asamblea más antigua de todas las religiones monoteístas. En el judaísmo es la institución más antigua. El término proviene del latín sinagōga (reunir o congregar). En hebreo se llama Bet HaKenéset (lugar o casa de reunión).

תורה (Torá)		
Hebreo	Traducción	Biblia Cristiana
בראשית (Bereshit)	En el principio	Génesis
שמות (Shemot)	Los nombres	Éxodo
ויקרא (Vayikra)	Y el llamo	Levítico
במדבר (Bamidbar)	En el desierto	Números
דברים (Devarim)	Las palabras	Deuteronomio

נביאים (Los Profetas)		
נביאים ראשונים (Los Primeros Profetas): Periodo que cubre la conquista de la tierra de Canaán hasta el reino dividido.		
Hebreo	Traducción	Biblia Cristiana
יהושע (Yehoshua)	Yehoshua	Josué
שפטים (Shofteim)	Jueces	Jueces
שמואל (Shmuel)	Shmuel	1 y 2 de Samuel
מלכים (Melachim)	Reyes	1 y 2 de Reyes
נביאים אחרונים (Profetas Tardíos): Periodo que cubre desde el reino dividido hasta el exilio.		
Hebreo	Traducción	Biblia Cristiana
ישעיה (Yeshaiyahu)	Yeshaiyahu	Isaías
ירמיה (Yirmeyahu)	Yirmeyahu	Jeremías
יחזקאל (Yechezkiel)	Yechezkiel	Ezequiel

שנים-עשר (Los Doce)		
Hebreo	Traducción	Biblia Cristiana
הושע (Hoshea)	Hoshea	Oseas
יואל (Yoel)	Yoel	Joel
עמוס (Amos)	Amos	Amós
עבדיה (Ovadyah)	Ovadyah	Abdías
יונה (Yonah)	Yonah	Jonás
מיכה (Mikhah)	Mikhah	Miqueas
נחום (Nachum)	Nachum	Nahúm
חבקוק (Havakuk)	Havakuk	Habacuc
צפניה (Tzefanyah)	Tzefanyah	Sofonías
חגי (Hagai)	Hagai	Hageo
זכריה (Zekharyah)	Zekharyah	Zacarías
מלאכי (Malakhi)	Malakhi	Malaquías

כתובים (Los Escritos)		
Hebreo	Traducción	Biblia Cristiana
תהלים (Techillim)	Salmos	Salmos
משלי (Mishlei)	Proverbios	Proverbios
איוב (Iyov)	Iyov	Job
מגילת (Los Rollos – 5 libros)		
Hebreo	Traducción	Biblia Cristiana
שיר השירים (Shir-HaShirim)	Cantar de los Cantares	Cantar de los Cantares
רות (Rut)	Rut	Rut
איכה (Eichah)	Lamentaciones	Lamentaciones
קהלת (Kohelet)	Cohélet	Eclesiastés
אסתר (Ester)	Ester	Ester
Hebreo	Traducción	Biblia Cristiana
דניאל (Daniel)[1]	Daniel	Daniel
עזרא (Ezra)	Ezra	Esdras
נחמיה (Nechmyah)	Nechmyah	Nehemías
דברי הימים (Divrey Hayamim)	Las Palabras de los días	1 y 2 de Crónicas

[1]Al lector que este acostumbrado a la Biblia Cristiana le extrañara que el libro de Daniel no está en los profetas. Dado que Daniel tuvo visiones y el nunca hablo palabras proféticas de hacer Teshuvá. Por esta razón bajo el canon judío el libro de Daniel no es considerado parte de los profetas.

- Talmid: Palabra hebrea para discípulo.
- Talmidim: Palabra hebrea para discípulos.
- Tanak: La biblia Judía la cual se compone de la Tora, Nevim y Ketuvim. La primera letra de estos libros forma el acrónimo TNK, de aquí surge el nombre Tanak.
- Tekhélet: Hilo azul usado en los flecos del Talit.
- Torá: Enseñanza o instrucción. Los 5 libros de la Biblia que comúnmente lo traducen como la Ley.
- Tzaraat: Condición médica que tradicionalmente se traduce como «lepra».
- Myriam: María. Nombre judío de la madre terrenal de Yeshúa.
- Nevim: Profetas. Colección de libros escritos por los profetas.
- Vayikra: Y el llamo. Tercer libro de la Torá. Este libro recibe el nombre de Levítico en la Septuaginta.
- Ya'akov: Nombre hebreo de Jacob.
- Yehoshua: Nombre Hebreo de Josué.
- Yeshúa: El Señ-r salva. Nombre Hebreo/Arameo de Jesús.
- Yeshúa HaMashiach: Jesús el Mesías, Jesús el Cristo, o Jesucristo.
- Yerushalaim: Nombre hebreo de Jerusalén.
- Yisrael: Nombre Hebreo de Israel.
- Yitzchak: Nombre hebreo de Isaac.
- Yochanan: Nombre hebreo de Juan.
- Yosef: El añade. Nombre hebreo de José.
- Zekharyah: Nombre Hebreo de Zacarías.
- Yeshayahu: Nombre hebreo de Isaías.

Bibliografía

Bauscher, G. D. (2008). *The Peshitta Aramaic-English New Testament An Interlinear Translation*. Lulu Publishing.

Biblia de Jerusalén, edición 2009. (2009). Bilbao, España: Editorial Desclée De Brouwer.

Cohn-Sherbok, D. (2000). *Messianic Judaism*. London, Great Britain: Continuum.

Cohn-Sherbok, D. (2001). *Voices of Messianic Judaism: Confronting Criticual Issues Facing a Maturing Movement*. Baltimore, Maryland: Messianic Jewish Publishers.

Davis, M. (2009). *The Schottenstein Edition Interlinear Chumash Volume 1: Bereishis / Genesis*. Brooklyn, NY: Mesorah Publications, Ltd.

Davis, M. (2009). *The Schottenstein Edition Interlinear Chumash Volume 2: Shemos / Exodus*. Brooklyn, NY: Mesorah Publications, Ltd.

Davis, M. (2009). *The Schottenstein Edition Interlinear Chumash Volume 3: Vayikra / Leviticus*. Brooklyn, NY: Mesorah Publications, Ltd.

Davis, M. (2009). *The Schottenstein Edition Interlinear Chumash Volume 4: Bamidbar / Numbers*. Brooklyn, NY: Mesorah Publications, Ltd.

Davis, M. (2009). *The Schottenstein Edition Interlinear Chumash Volume 5: Devarim / Deuteronomy*. Brooklyn, NY: Mesorah Publications, Ltd.

Godlestein, E. (2008). *New Jewish Feminism Probing the Past, Forging the future*. Woodstock, VT: Jewish Lights Publishing.

Goldwurm, H., Zlotowitz, M., & Scherman, N. (1981). *Chanukah: Its History, Observances, and Significance (The ArtScroll Mesorah Series)*. Brooklyn, NY: Mesorah Publications, Ltd.

González, J. L., (1994). *Historia del Cristianismo: Desde la era de los mártires hasta la era de los sueños frustrados*. Miami, FL: Editorial Unilit.

Greenberg, J. (2008). *Messianic Shabbat Siddur*. Tampa, FL: Messianic Liturgical Resources.

Iberoamericana, S. B. (2010). *Biblia Textual*. Nashville, TN: Holman Bible Publishers.

Josephus, F., Whinston, W., & Maier, P. I. (1999). *The New Complete Works of Josephus*. Kregel Academic & Professional.

Kasdan, B. (2008). *Las Costumbres Establecidas por Dios: Una Guia Judía Messiánica Para el Ciclo Vital y el Estilo de Vida Bíblicos*. Clarksville, MD: Messianic Jewish Publisher.

Kasdan, B. (2008). *Los tiempos establecidos por Dios: Una guía práctica para entender y celebrar las fiestas bíblicas*. Clarksville, MD: Messianic Jewish Publisher.

Kittel, R. (1990). *Biblia Hebraica Stuttgartensia*. Deutsche Biblegesellschaft.

Leman, D. (2005). *Paul Didn't Eat Pork: Reappraising Paul The Pharisee*. Stone Mountain, Georgia: Mount Olive Press.

Maier, P. L. (1995). *Josefo: Las Obras Esenciales*. Grand Rapid, MI: Editorial Portavoz.

Menachem, D. (2002). *The Schottenstein Edition Siddur for the Sabbath and Festivals with an Interlinear Translation*. Brooklyn, NY: Mesorah Publications, Ltd.

Seif, J. L. (2008). *In the Footsteps of the Rabbi From Tarsus*. Dallas, Texas: Zola Levitt Ministries, Inc.

Shoebat, W., & Richardson, J. (2008). *God's War on Terror: Islam, Prophecy and the Bible*. Top Executive Media.

Stern, D. H. (2007). *Messianic Judaism: A Modern Movement With an Ancient Past*. Clarksville, MD: Messianic Jewish Publishers.

Telchin, S. (2004). *Messianic Judaism is Not Christianity: A loving Call to Unity*. Grand Rapids, Michigan: Chosen.

Warren, R. (2007). *The Ladder of Trust*. Xulon Press.

CPSIA information can be obtained at www.ICGtesting.com
Printed in the USA
BVOW04s1653080813

328065BV00008B/345/P